Ulrich Luig

Weltfriedensdienst e.V.
Geschichte einer Idee

Danksagung

Das Entstehen dieses Buches war ein Prozess, in dem ich von mehreren Seiten Unterstützung erfahren habe. Wichtige Informationen und Hinweise zur Geschichte des Weltfriedensdienstes verdanke ich insbesondere den früheren Geschäftsführern des Weltfriedensdiensts Wilfried Warneck(†), Peter Sohr, Eberhard Bauer und Walter Hättig sowie Folker Thamm, Ursula Reich, Hans-Martin Schwarz, Eckehard Fricke, Gerd Hönscheid-Gross, Bernd Leber, Erich Schlauch, Thomas Schwedersky, Karin Fiege, Volker Rhein, Theo Mutter, Klaus Ebeling, Anton Karch, Andreas Rosen, Carola Gast und Hans-Jörg Friedrich. Für die Hilfe bei der Archivarbeit danke ich Caro Ziegert, Katrin Steinitz und Jürgen Steuber.

Ulrich Luig

Ulrich Luig, geb. 1945 in Berlin. Studium der evangelischen Theologie und Promotion in Berlin. Seit 1968 ist er in verschiedenen Funktionen mit dem Weltfriedensdienst verbunden. Seit 2008 im Ruhestand, lebt in Berlin.

Ulrich Luig

Weltfriedensdienst e.V.

Geschichte einer Idee

FSC
www.fsc.org
MIX
Papier aus ver-
antwortungsvollen
Quellen
Paper from
responsible sources
FSC® C105338

Bibliografische Information der Deutschen Nationalbibliothek: Die Deutsche Nationalbibliothek verzeich-
net diese Publikation in der Deutschen Nationalbiblio-
grafie; detaillierte bibliografische Daten sind im Inter-
net über dnb.dnb.de abrufbar.

2. überarbeitete Auflage 1919

© 2017 Ulrich Luig
Herstellung und Verlag:
BoD- Books on Demand, Norderstedt.
ISBN: 9783746031798

INHALT

Vorwort

Dieses Buch erzählt die Geschichte der hartnäckig verfolgten Idee, Frieden im Weltmaßstab zu denken, aber dafür von unten her zu arbeiten - gemeinsam mit benachteiligten Menschen vor allem in Krisengebieten der Welt, aber auch bei uns in Deutschland. Geschrieben wurde das Buch insbesondere für Menschen, die in der einen oder anderen Weise Teil dieser Geschichte waren oder die dem Weltfriedensdienst e.V. neu begegnet sind und sich darüber informieren wollen.

Am Anfang des Weltfriedensdiensts stand die Idee, dass zu dem in beiden Deutschlands gerade (1956) erst wieder eingeführten Wehrdienst die Alternative eines Friedensdienstes geschaffen werden müsste: "Friedensdienst statt Kriegsdienst!" lautete dafür die Parole. Konkret wurde diese Idee durch die Mit- und Zusammenarbeit von Menschen unterschiedlicher Herkunft, Prägung und Form ihrer Beteiligung, die sich unter dem Dach des Vereins Weltfriedensdienst e.V. zusammenfanden und ihn zu dem machten, was er zu den je verschiedenen Zeiten war. Namen werden in diesem Buch nur selten genannt; dafür waren es zu viele, die auf ihre eigene Weise wichtig waren. "Der Weltfriedensdienst" ist daher immer ein Kollektivbegriff, der sich aus vielen unterschiedlichen Namen zusammensetzt.

Typisch für den Weltfriedensdienst war von Anfang an eine ausgeprägte Diskussionskultur. Was unter Frieden zu verstehen ist, auf welche Weise und in welcher Form der Frieden in der Welt mit den eigenen beschränkten Mitteln am besten befördert werden kann, war immer neu Gegenstand von Diskussionen auf Mitgliederversammlungen, Strategieseminaren und Treffen aus unterschiedlichem Anlass. Den Rahmen dafür boten vor allem in den Anfangsjahren kommunikative und fast familiäre Formen des Miteinanders wie Feste und persönliche Einladungen. Daraus hat sich eine Gesprächskultur entwickelt, die stets offen war für unterschiedliche persönliche Überzeugungen und aktuelle Bezüge zu internationaler Politik und speziell der Entwicklungspolitik, die aber gleichzeitig auf Konsens in den Zielen und gemeinsames Handeln ausgerichtet war. Für die Arbeitsweise des Weltfriedensdiensts bedeutete dies eine charakteristische Dialektik von praxisbezogener Konzeptionsentwicklung einerseits und konzeptionsorientierter Praxis andererseits.

Der Aufbau dieses Buches folgt dieser Charakteristik. Der Darstellung der leitenden Ideen einer bestimmten Projektpolitik folgt eine kurze Beschreibung der Aktivitäten des Vereins, die sich daraus entwickelten. Deren Reflexion im Verein wurde wiederum zur Grundlage einer veränderten Projektpolitik wurde im Sinne von "lessons learnt": Vision – Erfahrungen – Reflexion – veränderte Vision. Dabei ergibt sich zwangsläufig, dass die Chronologie der tatsächlichen Ereignisse häufig nicht mit diesem Schema in Einklang zu bringen ist. Die Projekte einer "projektpolitischen Generation" werden jeweils im Zusammenhang dargestellt und erst dann wird auf der Basis der gemachten Projekterfahrungen die Herausbildung von neuen projektpolitischen Leitvorstellungen beschrieben.

Erzählt wird die Geschichte des Weltfriedensdiensts auf der Grundlage des – leider nur unvollständig vorhandenen und häufig nur zufällig zugänglichen – Archivmaterials des Vereins. Auf genaue Quellenangaben wird im Interesse der besseren Lesbarkeit verzichtet. Überprüft und ergänzt wurde diese Datengrundlage durch zeitgeschichtliches Sekundärmaterial und die Erinnerungen der Akteure in den unterschiedlichen Phasen der Arbeit des Vereins. Eine angefügte ausführliche Zeittafel erlaubt einen detaillierten Blick auf die tatsächliche Chronik der Ereignisse. Auf dieser Basis ergibt sich die Geschichte einer faszinierenden und nach wie vor relevanten Idee vom Dienst am Frieden in der Welt.

Es ist ein alter Streit, ob aus der Geschichte gelernt werden kann. Welche Einsichten aus der Geschichte für die Zukunft gewonnen werden können, hängt von der Fragestellung ab, unter der das Vergangene betrachtet wird. Manches aus der Geschichte des Weltfriedensdiensts liest sich erstaunlich aktuell, anderes lässt strukturelle Konstanten erkennen, wieder anderes kann für Irrwege sensibel machen. Stoff genug also für die Vorbereitung auf die Herausforderungen, die sich heute für den Welt-Friedens-Dienst von morgen abzeichnen.

Berlin, im November 2017

Ulrich Luig

Welt – Frieden – Dienst

Projektpolitik 1: Freiwillige für den Frieden

"Welt – Friedens - Dienst" – unter diesem Thema lud die Evangelische Akademie Berlin vom 30. Juni bis 2. Juli 1959 zu einer Tagung ein. Insbesondere junge Menschen sollten für die Idee eines einjährigen Aufbaudienstes in einem der Länder Asiens oder Afrikas gewonnen werden als "Beitrag zur friedlichen Entfaltung der menschlichen Zukunft".

Das Thema war hoch aktuell. Der zweite Weltkrieg mit seiner immensen Zahl an Toten und der Zerstörung ganzer Städte war erst vierzehn Jahre zuvor zu Ende gegangen. Unmittelbar nach Kriegende hatte der Kalte Krieg zwischen "Ost" und "West" begonnen, der umzuschlagen drohte in einen dritten, mit Atomwaffen ausgetragenen Weltkrieg. Gleichzeitig ging das Zeitalter des Kolonialismus zu Ende. Mit der Bandung-Konferenz vom April 1955 hatten die Völker Afrikas und Asiens – weit mehr als die Hälfte der Weltbevölkerung – als "Dritte Welt" die Bühne der Weltpolitik betreten. Sie forderten das Ende von Rassismus und kolonialer Herrschaft, Abrüstung einschließlich eines Kernwaffenverbots sowie verstärkte Entwicklungshilfe für die Länder des Südens. Der "wind of change" fegte vor allem durch den europäischen Nachbarkontinent Afrika.

In dieser Situation warb der deutsch-amerikanische Rechtshistoriker und Soziologe Eugen Rosenstock-Huessy für die Idee eines "Weltfriedensdiensts". Er hatte bereits als junger Professor im schlesischen Breslau in den Jahren 1928 bis 32 freiwillige soziale Arbeitslager konzipiert und geleitet, bei denen Bauern, Arbeiter und Studenten gemeinsam körperliche Arbeiten verrichteten sowie aktuelle gesellschaftspolitische Fragen diskutierten. Dabei sollten sie sich über soziale Schranken hinweg kennen und respektieren lernen. Rosenstock-Huessy war 1933 wegen seiner jüdischen Abstammung in die USA emigriert, hielt aber Kontakt zu seinem Schüler und Freund Helmuth von Moltke und dem "Kreisauer Kreis", einer Widerstandsgruppe um Moltke während der Zeit des Nationalsozialismus. Der unmittelbar nach dem Kriegsende 1945 einsetzende "Kalte" Krieg mit der drohenden Möglichkeit des Einsatzes von Atomwaffen war für ihn ein Anlass, die Idee eines freiwilligen sozialen Dienstes über ideologische Grenzen hinweg neu ins Gespräch zu bringen – als Weltfriedensdienst. Für die Deutschen sah er in einer solchen Initiative die Chance, sich nach dem deutschen Eroberungskrieg und den dabei begangenen Verbrechen mit den europäischen Nachbarvölkern zu versöhnen. Angesichts der zunehmend konfliktreichen Dekolonisierungsprozesse in den europäischen Kolonien antizipierte er zugleich eine "Eine Menschenwelt", in der die Beziehungen zwischen Nationen und Völkern nicht mehr durch Krieg, Ausbeutung und Unterdrückung, sondern durch ein friedliches Miteinander bestimmt sein sollten. Mit griffigen Formulierungen warb er ab 1956 auf mehreren Vortragsreisen in Deutschland und den Niederlanden für diese Idee. Angesichts einer immer stärker zusammenwachsenden Gemeinschaft der Völker der Welt einerseits und der gewaltigen Zerstörungskraft der neu entwickelten Atombomben andererseits sah er im Weltfrieden die einzige Möglichkeit zum Überleben der Menschheit:

> Die Menschenwelt ist eine geworden. Unser Planet ist erschlossen. Alle sind mit Allen verbunden. Kein Erdteil, kein Volk steht mehr außerhalb, lebt mehr für sich. … Der Krieg, in der bisherigen Geschichte wirksames Mittel der Politik, wesentlich gestaltendes Moment der Weltgeschichte, kann heute keine politischen Entscheidungen mehr erzwingen, sondern höchstens zum wechselseitigen Selbstmord der Völker führen. Wenn künftig menschliche Geschichte also nicht überhaupt enden soll, wird sie künftig nicht mehr Kriegsgeschichte sein. Es gilt nicht mehr, Feinde zu besiegen — denn es gibt keinen Sieg mehr mit Atomwaffen —, sondern es gilt, Freunde zu gewinnen.
>
> (Fritz Vilmar, Ein Weltfriedensdienst, S. 1)

Für Rosenstock-Huessy war das friedliche Miteinander der Völker und Gruppen eine Aufgabe, die ständig neuer

Anstrengungen bedarf. Dabei verstand er weder Krieg noch Frieden als statische Größen, sondern als höchst dynamische Prozesse. Einprägsam formulierte er daher:

> Das Gegenteil von Krieg ist nicht Frieden, sondern Friedensdienst.

Der junge Soziologe Fritz Vilmar griff diese Idee auf und entwickelte in einem 1958 veröffentlichten Aufsatz "Ein Weltfriedensdienst – Politische Initiative am Ende der Kriegsgeschichte" ein Konzept für den Aufbau eines internationalen Freiwilligendienstes für den Frieden. Junge Menschen unterschiedlicher Nationalitäten und Kulturen sollten sich bei gemeinsamen Arbeitseinsätzen kennen lernen und mit Unterstützung von friedensorientierten Politikern den Weg zum Ende der Kriegsgeschichte in der Welt ebnen helfen. Vilmar kontaktierte dazu auch die Evangelischen Akademien als wichtige gesellschaftspolitische Gesprächsforen. Erich Müller-Gangloff, der Leiter der Evangelischen Akademie Berlin, war bereit, die Idee eines Weltfriedensdiensts zum Thema einer Tagung zu machen. Bei der Berliner Akademietagung zum "Weltfriedensdienst" im Sommer 1959 erhielt Fritz Vilmar die Gelegenheit, als Hauptreferent seine Vorstellungen zu entfalten.

Die Tagung über den "Welt-Friedens-Dienst" fügte sich gut ein in das Konzept der Berliner Evangelischen Akademie, die Lehren aus Nationalsozialismus und 2. Weltkrieg mit den Herausforderungen der neu in den Blick gekommenen "Einen Welt" zu verbinden und durch den praktischen Einsatz für den Frieden zu verarbeiten. In enger Zusammenarbeit von Akademieleiter Erich Müller-Gangloff, dem Präses der Kirchenprovinz Sachsen, Lothar Kreyßig, sowie dem späteren evangelischen Berliner Bischof Kurt Scharf waren im Juni 1957 die Aktionsgemeinschaft "Für die Hungernden"(heute" Aktionsgemeinschaft Solidarische Welt", ASW) und im April 1958 die "Aktion Sühnezeichen" (heute "Aktion Sühnezeichen Friedensdienste", ASF) gegründet und durch Akademie-Tagungen begleitet worden.

Evangelische Akademie Berlin

Tagung
für die
junge Generation
über den
WELT-
FRIEDENS-
DIENST
vom 30. Juni bis 2. Juli 1959

SÜHNEZEICHEN-
FRIEDENSZEICHEN

Der Friede ist leider wie die Freiheit weithin zu einer Phrase geworden, deren sich die Mächte im politischen Stellungskrieg unserer Tage nicht ohne Erfolg bedienen. Wer Freiheit und Frieden vor solchem Mißbrauch bewahren will, muß es sich etwas kosten lassen, denn beide müssen in unermüdlichem Bemühen immer neu erworben werden.

Eugen Rosenstock-Huessy hat im vergangenen Jahr einen entscheidenden Anstoß dazu gegeben, wie Friede in unserer Zeit verwirklicht werden kann. Rosenstock hat die Jugend Europas, insbesondere die deutsche junge Generation, dazu aufgerufen, mit einem einjährigen Dienst in einem der unterentwickelten Länder Asiens und Afrikas einen freiwilligen Beitrag zur friedlichen Entfaltung der menschlichen Zukunft zu leisten, nicht zuletzt um einen Teil der Schuld zu sühnen, die wir Europäer in Jahrhunderten des Kolonialismus durch die Ausbeutung fremder Erdteile auf uns geladen haben.

Mit diesem Bemühen steht der Weltfriedensdienst in nächster Nachbarschaft zu der Aktion „Sühnezeichen", die vor einem halben Jahr im Gedenken an die unbewältigte Vergangenheit unseres Volkes ins Leben gerufen wurde und deren erste Mannschaft zur Zeit in Holland Aufbauarbeit tut.

Wir veranstalten die hier angezeigte Tagung, zu der wir Sie herzlich einladen, um eine Brücke vom „Sühnezeichen" — das ursprünglich Versöhnungszeichen hatte heißen sollen — zum „Friedenszeichen" des Weltfriedensdienstes zu schlagen, zumal wir mit der Bemühung „Für die Hungernden" (Miss a Meal) schon längst auf diesem Wege sind, den wir Sie herzlich mit uns zu beschreiten bitten.

ERICH MÜLLER-GANGLOFF

PROGRAMM

Dienstag, den 30. Juni 1959

18.30 Uhr   Abendessen

20.00 Uhr   **Miss-a-Meal —
Für die Hungernden —
Sühnezeichen —
Weltfriedensdienst**
Dr. Erich Müller-Gangloff

Mittwoch, den 1. Juli 1959

9.30 Uhr   **Geistliche Besinnung
Friede für die Welt**
Prof. Lic. Gerhard Koch

11.00 Uhr   **Zeichen der Versöhnung,
des Friedens, der Sühne**
Rückblick auf ein Jahr unserer Bemühung
Präses Dr. Lothar Kreyssig

16.00 Uhr   **Weltfriedensdienst**
Seine geistige Grundlegung
Fritz Vilmar, Frankfurt / Main

20.00 Uhr   Abendgespräch

Donnerstag, den 2. Juli 1959

9.30 Uhr   **Geistliche Besinnung
Dienst an der Welt**
Professor Koch

11.00 Uhr   **Weltfriedensdienst**
Seine praktische Gestaltung
Fritz Vilmar

14.30 Uhr   Aussprache in Gruppen

16.00 Uhr   Zusammenfassung
und Schlußgespräch

Tagungsleitung: Dr. Erich Müller-Gangloff

Quelle: WFD-Archiv

7

Beide Initiativen hatten sowohl einen praktischen, auf Aktion gerichteten Charakter als auch einen auf die Welt als ganze ausgerichteten Bezug. Die Aktionsgemeinschaft "Für die Hungernden" warb um Spendengelder für die Unterstützung von Armen im Süden der Welt und organisierte über lokale Partnerorganisationen deren Verteilung. Die "Aktion Sühnezeichen" bemühte sich durch Arbeitseinsätze von jungen Menschen um Versöhnung mit Menschen in den Ländern, die unter deutschen Kriegshandlungen besonders gelitten hatten. Mit dem Konzept einer Verbindung von Frieden und Entwicklung wurde der "Weltfriedensdienst" zu einem weiterem Glied in der Reihe von Initiativen der Evangelischen Akademie Berlin, die Versöhnung möglich machen und gleichzeitig Armut und Unterdrückung in der Welt bekämpfen sollten.

An der Tagung "über den Weltfriedensdienst" im Sommer 1959 nahmen sowohl einige Studenten und evangelische Pfarrer als auch Vertreter verschiedener Friedens- und Zivildienste teil. Nach ausführlicher Diskussion wurde die Gründung einer zunächst zeitlich begrenzten "Arbeitsgemeinschaft Weltfriedensdienst 1960" vereinbart. Auf einer weiteren Tagung im folgenden Winter sollte das genauere Vorgehen geklärt werden. Die Zeit bis zur verabredeten 2. Tagung wurde intensiv genutzt. Die im Jahr zuvor gegründete Aktion Sühnezeichen, der Internationale Zivildienst und der Christliche Friedensdienst erklärten ihre Bereitschaft zur Mitarbeit. Die Finanzierung der veranschlagten Kosten von ca. DM 110.000,00 sollte über Spendengelder gesichert werden.

Über die Schweizer Zweige des Internationalen Zivildienstes und des Christlichen Friedensdienstes, die schon seit Jahren mit Aufbauprojekten in Griechenland tätig waren, kam ein Kontakt zum Gemeinderat der Kleinstadt Servia in Nordgriechenland zustande. Die Stadt Servia war 1943 von italienischen und deutschen Truppen nach einem

Partisanenangriff niedergebrannt und zur "toten Zone" erklärt worden. Viele Einwohner wurden bei dieser Aktion ermordet, die Mehrzahl der Überlebenden obdachlos. Als erstes Projekt des neuen Weltfriedensdiensts wurde ein langfristig angelegtes Aufbauprogramm in Servia geplant. Damit sollte der Versöhnungsgedanke der Aktion Sühnezeichen mit der Leitidee der gelebten Völkerverständigung durch praktische Friedensarbeit unter dem Dach des neuen Weltfriedensdiensts verbunden werden.

Als die Evangelische Akademie Berlin zu ihrer zweiten Tagung vom 19. bis 21. Dezember 1959 "über den Weltfriedensdienst 1960" einlud, hatte das Projekt bereits deutliche Konturen gewonnen. Die griechischen Behörden waren informiert und ein detaillierter Aktionsplan lag vor. Der Akademieleiter Erich Müller-Gangloff hatte nicht nur die Koordination der Vorbereitung und die Leitung der Tagung übernommen, sondern trieb auch die Realisierung der Pläne voran. Finanzierung und Organisation mussten gesichert werden. Der Agrarwissenschaftler Siegfried Krause war zur Übernahme der Geschäftsführung mit einem minimalen Gehalt bereit. Um auch die rechtlichen Voraussetzungen für diese Arbeit zu schaffen, wurden die drei neu gegründeten Initiativen *Arbeitsgemeinschaft Weltfriedensdienst, Aktion Sühnezeichen* und die *Aktionsgemeinschaft Für die Hungernden* zum 1. Januar 1960 unter dem Vereinsdach *Versöhnungsdienste e.V.* mit einem gemeinsamen Vorstand zusammengefasst.

Welt – FRIEDEN - DIENST

....

Eugen Rosenstock-Huessy hat der Sache, um die es hier geht, schon vor Jahren diesen Namen gegeben - der allerdings auch aufs prägnanteste ausdrückt, was hier gemeint ist -, so daß wir keinen Augenblick zögerten, mit der Realisierung der Aufgabe, die uns fast ohne unser Zutun zugewachsen ist, auch den bereits voraus geprägten Namen zu akzeptieren.

Weltfriedensdienst, wie wir ihn verstehen, meint zunächst ganz wörtlich *Dienst.* Wenn Rosenstocks Feststellung gilt, es gehe heute nicht mehr darum, Feinde zu vernichten, sondern Freunde zu gewinnen, so dürfte es an der Zeit sein, dem Wehr- und Kriegsdienst für die Vaterländer und Mächtegruppen heute im Zeichen der Einen Welt einen Friedensdienst entgegen oder zum mindesten an die Seite zu stellen, der zugleich ein Arbeitsdienst und Hilfsdienst für die sogenannten Entwicklungsländer ist.

Wenn schon ein Dienst, so könnte man sagen: Muß es gleich ein *Weltdienst* sein? Ist hier nicht doch der Mund ein wenig voll genommen? Sollte man nicht zuwarten, zumal ja in Europa mit dem Dienst begonnen wird, ob der Impuls auch noch für andere Kontinente zureicht? Wir wissen nicht, wie weit uns unser Anlauf tragen wird. Dies aber meinen wir auf jeden Fall zu wissen, daß das, was wir begonnen haben, sofort jedweden Sinn verlöre, wenn darauf verzichtet würde, es im Bezug auf einen Welthorizont und als eine Weltaufgabe zu verstehen.

Aber muß denn unbedingt vom Frieden, vom *Weltfrieden* gar, die Rede sein? Ist das nicht ein zweideutiges, ja ein höchst verdächtiges Namensschild? Wer das meint, dem können wir nicht helfen. Wir konnten das, was wir beginnen, unschwer auch als *Welthilfsdienst* offerieren, und wenn es nicht so böse Parallelen gäbe, wäre auch *Weltarbeitsdienst* als Name denkbar. Aber da wir in einer Welt leben, in der es nach einem Worte Eisenhowers keine Alternative mehr zum Frieden gibt, will uns der von Rosenstock-Huessy gewählte Name im Bezug auf den Frieden einer unteilbaren Welt nur um so sinnvoller erscheinen.

Dienst am Weltfrieden, Weltdienst für den Frieden oder Friedensdienst für die Welt — wie immer wir es wenden oder deuten: Es scheint uns ein rechter Name für eine rechte Sache zu sein.

Erich Müller-Gangloff
Quelle: Kommunität 14, 1960. S. 116

10

Nachdem die Finanzierung gesichert und eine Gruppe von 29 jungen Männern und Frauen zusammengestellt worden war, begann im April 1960 das erste Projekt der Arbeitsgemeinschaft Weltfriedensdienst im griechischen Servia. Die organisatorische Leitung lag zunächst bei der *Aktion Sühnezeichen*, ab 1961 beim *Internationalen Zivildienst*. Werbung und Auswahl der Freiwilligen für die Aktion Sühnezeichen hatte Pfarrer Dr. Franz von Hammerstein übernommen. Als Mitarbeiter des Berliner Sozial- und Industriepfarramtes hatte er gute Kontakte zu Berufsschulen und Gewerkschaftern, über die die Werbung von Freiwilligen organisiert wurde. Die praktische Umsetzung der Idee eines Weltfriedensdiensts hatte Akademieleiter Erich Müller-Gangloff zu seiner Aufgabe gemacht.

Die Ankunft der ersten Freiwilligengruppe in Servia war symbolträchtig für den 6. April 1960 geplant, dem Tag des deutschen Überfalls auf Griechenland im Jahre 1941. Die erste Aktivität der Gruppe bestand in dem Bau einer Zisterne, durch die die Wasserversorgung und damit auch die hygienischen Verhältnisse im Ort verbessert werden sollten. Langfristig waren auch der Bau neuer Wohnungen und Transportwege sowie die Ausbildung von Handwerkern geplant. Gegenüber den aufwendigen Vorbereitungen für das Projekt Weltfriedensdienst nahm sich die Realität des neuen Dienstes ernüchternd aus. Die Freiwilligengruppe konnte zwar zum Ende des Jahres den Bau einer zentralen Zisterne in Servia fertig stellen, doch häuften sich die Konflikte in der bunt zusammengewürfelten Gruppe, die u.a. zur vorzeitigen Abreise von zwei Teilnehmern führten. Auch das Verhältnis zu den griechischen Partnern trübte sich deutlich ein. Nach der anfänglichen Begeisterung über das Hilfsangebot aus Deutschland empfanden die Griechen es nach neunmonatiger Erfahrung als Zumutung, "sich vom ehemaligen Besatzer Vorschläge machen zu lassen, wie man zweckmäßig wirtschaftet und lebt" (Projektleiter Ernst Buczys). Erst als der *Internationale Zivildienst* mit der Entsendung von Fachkräften für den Gesundheitsbereich und die Heimarbeit von Frauen die Arbeit in Servia fortsetzte, entspannte sich die Lage. In der Folgezeit wurden daher statt Gruppen von Freiwilligen überwiegend einzelne Fachkräfte vom *Weltfriedensdienst* nach Ägypten, Indien und Afghanistan entsandt.

Als kritisch erwies sich ebenfalls das Verhältnis zwischen dem Versöhnungsgedanken der Aktion Sühnezeichen und dem Entwicklungshilfekonzept des Weltfriedensdiensts in dem Projekt in Servia. So urteilte Studentenpfarrer Peter Kreyßig, der Sohn von Lothar Kreyßig, nach einem Kurzbesuch:

Hauptproblem ist ganz offensichtlich die Firma selbst: "Weltfriedensdienst 1960". ... Mir persönlich ist in der Diskussion in Servia völlig klar geworden, daß vom Kern der Sache her die Kombination Sühnezeichen und Entwicklungshilfe unvereinbar sind.

Für Sühne kann man tatsächlich zeichenhaft arbeiten, d.h. an ganz begrenzten Projekten, nach den Wünschen der Gastgeber sich richtend und in der Haltung mehr des Empfangenden als des Gebenden. ...

Entwicklungshilfe steht auf einem ganz anderen Blatt. Hier werden Gelder investiert, unter wirtschaftlichen Gesichtspunkten und auch von der Seite des Gebers, der hier nicht mehr als Empfangender auftreten kann, unter bestimmten Bedingungen der sinnvollen langfristigen Wirkungen unter Kontrolle zu behalten. Mit Zeichen oder auch Beispielen ist da nichts getan. ... Sofort tauchen Machtfragen auf. Dazu kommt die Frage des Umfanges der Hilfe.

Typisches Beispiel für die Problematik auf die man dann stößt ist der geplante Hausbau in Servia. Für 500 bedürftige Familien 12 oder auch 20 Häuser zu bauen schafft immense Probleme. Die Griechen wollen natürlich nicht heran, weil die Aufgaben der Auswahl die Möglichkeiten menschlicher Verantwortung in der Gemeindeleitung in Servia übersteigt. 480 Familien werden durch die Auswahl in Enttäuschung, Neid und sozialen Unfrieden gestürzt, mit dem nach unserem Abzug die Griechen nachher leben sollen. Dass sie es schwer haben, dies als einen Friedensdienst zu begreifen, wenn das Problem des sozialen Unfriedens durch diese Aktion unerträglich aufgeschaukelt wird, hat mir persönlich eingeleuchtet. So wird man es jedenfalls nicht machen können.

Peter Kreyßig, Herbst 1960 (WFD-Archiv)

Einen neuen Versuch mit einem internationalen Arbeitslager für Freiwillige unternahm der Weltfriedensdienst 1961 in Kamerun. In Zusammenarbeit mit der Bauernorganisation Action Paysanne sollte in Nkpwang/Südkamerun ein Zentrum für Jugendliche errichtet werden, um deren Abwanderung in die Städte zu stoppen. Als Reaktion auf die Erfahrungen in Servia war bei diesem Einsatz die Projektleitung dem einheimischen Partner übertragen worden. Aber auch hier gelang es der deutschen Gruppe nicht, sich den lokalen Verhältnissen angemessen anzupassen. Die Konflikte innerhalb der Gruppe und mit den lokalen Partnern ließen das Projekt im Fiasko enden, so dass selbst das Diakonische Werk als kirchlicher Geldgeber eine weitere Zusammenarbeit mit der *Arbeitsgemeinschaft Weltfriedensdienst* formell unter Vorbehalt stellte. Bemängelt wurden insbesondere "eine gewisse dilettantische Arbeitsweise" sowie die "weltanschauliche Ungebundenheit der Teilnehmer". Hinzu kamen moralische Bedenken, da sich einige der männlichen deutschen Projektteilnehmer für eine engere Kooperation mit der weiblichen Dorfjugend durchaus offen gezeigt hatten.

Das Scheitern des Einsatzes in Kamerun war für den Koordinator des Weltfriedensdiensts Erich Müller-Gangloff insofern prekär, als das Zentrum im kamerunischen Nkpwang für eine internationale Konferenz der Workcamporganisation bei den Vereinten Nationen (CCIVS /UNESCO) vorgesehen war. Durch einen Kontakt zu dem jungen evangelischen Theologen Wilfried Warneck gelang es, kurzfristig eine Arbeitsgruppe zu rekrutieren, die die noch ausstehenden Bauarbeiten in Nkpwang rechtzeitig zum Beginn der Konferenz ausführen half. In der Folgezeit führte der Weltfriedensdienst bis 1962 in Zusammenarbeit mit der "Aktionsgemeinschaft Für die Hungernden" Kurzzeiteinsätze in Form von Einzel- und Kleingruppenentsendungen nach Ägypten (landwirtschaftliche Beratung), Afghanistan (gewerbliche Berufsausbildung) und Indien (Gandhigram, Aufbau von Genossenschaftsdörfern von

Kastenlosen) durch. Im August 1962 beendete der bisherige Geschäftsführer Siegfried Krause seine Tätigkeit. Die noch laufenden Projekte wurden als "Referat Weltfriedensdienst" beim Internationalen Zivildienstes in Hamburg weitergeführt. Die Arbeitsgemeinschaft Weltfriedensdienst in der von Erich Müller-Gangloff in der Evangelischen Akademie konzipierten Form hatte praktisch aufgehört zu existieren.

Projektpolitik 2: Soziale Aktivierung

Gemeinschaftsdienste und "soziale Aktivierung"

Inspiriert von den in Kamerun gemachten Erfahrungen bemühte sich Wilfried Warneck um eine Fortsetzung der Arbeit des Weltfriedensdiensts unter neuen Bedingungen. Warneck gehörte zu den Mitbegründern der ökumenischen Gemeinschaft Laurentiuskonvent, die das gemeinschaftliche Leben als Christen mit dem sozialen Einsatz für Gerechtigkeit und Frieden verband. Durch das Engagement und die Kontakte Wilfried Warnecks eröffnete sich ein Netzwerk zu sozial engagierten christlichen Gruppen und Kirchen, die einen Neubeginn des Weltfriedensdiensts ermöglichten. Schon bei dem Kamerun-Einsatz Anfang 1962 hatte sich eine Kerngruppe zusammengefunden, die diesen Vorstellungen entsprach. Einige andere waren durch den Kontakt zum Laurentiuskonvent neu dazugekommen. Mit dieser Zusammensetzung der Gruppe waren wesentliche Probleme der früheren Weltfriedensdienst-Gruppen - der fehlende ideelle innere Zusammenhalt, das relativ geringe Alter und fehlende Reife der Freiwilligen sowie die unzureichende Fähigkeit zur Anpassung an fremde kulturelle Verhältnisse - weitgehend überwunden. So konnte unter der Bezeichnung "Freiwilligendienst des Laurentiuskonvents" von Juni 1964 bis März 1965 unter der Leitung des jungen Diplomingenieurs Peter Sohr ein Aufbaulager in Dabou/Elfenbeinküste in Zusammenarbeit mit der dortigen methodistischen Kirche erfolgreich durchgeführt werden.

Wichtig an diesem Einsatz war zum einen, dass über den Kontakt zu der ivorischen methodistischen Kirche das spätere Weltfriedensdienst-Projekt an der Elfenbeinküste vorbereitet wurde, zum anderen, dass sich dabei eine Kerngruppe um Wilfried Warneck bewährte, die auch die weiteren Entwicklungen mittrug. Nach einem erneuten Arbeitseinsatz von Mitgliedern der gleichen Gruppe in Rauschenwasser bei Göttingen wurden bei einer Abschlusstagung im August 1965 die Prinzipien eines Freiwilligendienstes für den Frieden diskutiert und in einem Thesenpapier (Rauschenwasser-Thesen) zusammengefasst. Dem Prinzip der internationalen Zusammenarbeit und Partnerschaft dieses Dienstes entsprach es, dass auch ein ivorischer Partner aus Dabou und ein marokkanischer Partner des befreundeten Friedensdienstes *EIRENE* an dieser Tagung teilnahmen. Die Idee des 1962 vorerst beendeten Weltfriedensdiensts gewann unter diesen Voraussetzungen neu an Bedeutung, allerdings in deutlich anderer Form als zur Zeit seiner Gründung. Im Laufe des Jahres 1966 entwickelte Wilfried Warneck die Konzeption eines Friedensdienstes, die die Grundlage für die weitere Arbeit in den folgenden Jahren wurde. Ausgangspunkte für seine Überlegungen waren zum einen die Erfahrungen des gemeinsamen Lebens und Teilens, wie sie den "Rauschenwasser-Thesen" zugrunde lagen und in der von Wilfried Warneck mit gegründeten Kommunität "Laurentiuskonvent" praktiziert wurden. Die zweite Säule dieses Konzepts war die "katalytisch-aktivierende" Methode der Gemeinschaftsentwicklung, die von dem österreichisch-britischen Sozialwissenschaftler Richard Hauser und seiner Frau Hephzibah (einer Schwester des berühmten Geigers Yehudi Menuhin) als Form einer nicht-direktiven Gemeinwesenarbeit entwickelt worden war.

Bereits seit 1962 war der Laurentiuskonvent im Rahmen des Vereins Förderergemeinschaft Kinder in Not e.V. an der Arbeit in Obdachlosensiedlungen in Köln beteiligt. Gemeinsam mit der befreundeten katholischen Benedictuszelle leisteten Mitglieder des Konvents soziale Arbeit in diesen Notunterkünften am Stadtrand, die meisten von ihnen evangelische Theologen. Dies folgte einem in beiden Kirchen in den 1960er Jahren vorherrschenden Trend zur parteiischen Zuwendung zu den sozial und wirtschaftlich

<u>Frieden und Freiwilligendienst</u>

Thesen, beschlossen von der Abschlußtagung des Aufbaulagers Rauschenwasser (2. bis 22. 8. 65) der Gruppendienste der Aktionsgemeinschaft "Für die Hungernden" (in Verbindung mit dem Laurentiuskonvent).

1. Friede bedeutet nicht den Zustand des Nicht-Kriegs. Frieden ist ein motorischer, dynamischer Prozeß, der dies zum Ziel hat, daß die Welt heil wird.

2. Der Friede ist heute mehr denn je von der Beteiligung des Menschen an den Entwicklungen in der Welt, also von unserem Denken und Handeln abhängig. Der Friede verlangt zumindest ebensoviel Hingabe, Eifer, Opfer, Geist und Gut wie ehemals der Krieg.

3. Nur unter der Vorbedingung des Friedens können wir den Hauptproblemen, der heutigen Welt - Uneinigkeit, Unbildung, Hunger und Krankheit – beikommen. Die Erde bietet noch Raum, Nahrung und Entfaltungsmöglichkeit für viele Menschen. Wird jedoch der Friede nicht mit allen Kräften praktiziert, so werden uns die Folgen der dann zutagetretenden Überbevölkerung in eine Menschheitskatastrophe stürzen.

4. Die Vorbedingung des Friedens seinerseits ist die Gemeinschaft der Menschen untereinander. Der Irrtum, mein Sein und Haben seien mein ganz individuelles Eigentum, das ich für mich behalten könne, ist der Wirklichkeit des Friedens entgegengesetzt. Dieser Irrtum verhindert den Frieden. Friede wird dort, wo ich den Anruf vernehme und befolge, der mir aus dem Mangel und dem Elend des Mitmenschen entgegenkommt. Nur als Mitmensch werde ich Mensch.

5. Die Art und Weise, in einer mitmenschlich ausgerichteten Welt zu leben, muß von Freiwilligen entworfen, erprobt und bewährt werden. So wird sie allmählich zu einer Wirklichkeit im Bewußtsein der Menschen.

6. Den Freiwilligen des Friedens "geht es nicht darum, Feinde zu besiegen, sondern darum, Freunde zu gewinnen"; sie setzen sachliche Unterrichtung und offenes Gespräch an die Stelle von Zwang und Gewalt; sie wissen um die Tatsache, daß die Wahrheit stärker ist und länger besteht als die Lüge, daß die Brüderlichkeit mächtiger ist und mehr bewirkt als der Haß. Deshalb sind sie ohne Sorge bereit, Opfer zu bringen und zu leiden; deshalb werden sie niemals bereit sein, anderen willentlich Leid zuzufügen. Sie wissen, daß der Friede eine Frage innerer Stärke ist, der Haß aber nichts als die äußere Seite der Furcht.

7. Reichtum, Macht und Leidenslosigkeit bedeuten noch nicht den Frieden. Der Friede, den wir Menschen herbeiführen können, wird Lücken und Fehler behalten. Das Ziel des Friedens ist auch nicht der Zustand vollkommener Unbewegtheit. Das Ziel des Friedens ist dies, daß die Menschen frei sind dazu, sich zu lieben und einander Freude zu schenken.

Rauschenwasser bei Göttingen, am 22. August 1965

Quelle: WFD-Archiv

17

Benachteiligten, um damit den christlichen Glauben in einer ungerechten Welt wirksam werden zu lassen. Anfangs hatte sie sich die Arbeit der Förderergemeinschaft auf die Einrichtung von Kindergärten und die Arbeit mit Kindern konzentriert. Daraus war zunehmend eine Form der Sozialarbeit entstanden, die den von Richard und Hephzibah Hauser entwickelten methodischen Ansatz der Gemeinwesenarbeit verfolgte. Ähnlich wie die emanzipatorische Pädagogik des Brasilianers Paolo Freire verfolgte der Hausersche Ansatz der Gemeinwesenarbeit eine auf soziale Aktion gerichtete Methode der Bewusstseinsbildung unter marginalisierten Bevölkerungsgruppen. Zentrales Element dieser Methode war der "aktivierende Dialog". "Aktivierung" meinte dabei das Freisetzen von latent vorhandenen "sozialen Energien" insbesondere bei Menschen aus gesellschaftlichen Randgruppen. Diese sollten dadurch ermutigt und befähigt werden, ihre eigenen Interessen bewusst wahrzunehmen, gemeinsam zu formulieren und sie dann selbstbestimmt, solidarisch und gewaltfrei zu vertreten. Auslöser für diesen Prozess der Bewusstwerdung und anschließenden Bearbeitung der eigenen Probleme und Defizite sollten von außen kommende Gesprächspartner sein, die jedoch selbst nicht Teil dieses Prozesses werden sollten (insofern katalytisch). Ein wichtiger Bestandteil des Prozesses der sozialen Aktivierung war die Einbeziehung von zuständigen Personen in Verwaltung und Politik und der Aufbau eines Netzwerkes von ideellen und materiellen Förderern der betroffenen Gruppen in Form eines sich ständig erweiternden Netzwerkes.

Wilfried Warneck verband diesen Ansatz der Gemeinwesenarbeit mit der Rosenstock-Huessyschen Idee eines Weltfriedensdiensts, der die Grenzen zwischen Nationen und Kulturen überwinden und weltweit Freunde gewinnen wollte. Inlands- und Auslandsarbeit waren dabei gleichberechtigt aufeinander bezogen. Gestützt auf eine langfristig verbundene Gruppe von Gleichgesinnten sollten Dienstgemeinschaften (Teams) vor allem in Notstands- und Spannungsgebieten der Welt an der Entwicklung von Gemeinschaftsformen arbeiten und diese möglichst weltweit vernetzen helfen. Selbstermächtigung (Empowerment) von sozial und wirtschaftlich benachteiligten Gruppen, die Stärkung von Entwicklungsanstrengungen zur Verbesserung der eigenen Lebensverhältnisse und vernetzte globale Partnerschaft waren in diesem Ansatz konzeptionell eng miteinander verknüpft. Eine der wesentlichen Aufgaben der Teams war die Anpassung der Methode an die lokalen kulturellen, sozialen und politischen Verhältnisse, was durch den Kontakt mit Teams in ähnlich arbeitenden Projekten sowie durch wissenschaftliche Begleitung unterstützt werden sollte. Die ersten Projekte des neuen Weltfriedensdiensts sollten den Charakter von Modellprojekten erhalten, die gleichsam als Entwicklungskerne ähnliche Prozesse in ihrer Region anzustoßen in der Lage waren.

Eine wesentliche Voraussetzung dieses Konzepts war die Verbindung von Freiwilligkeit, sozialem Engagement und Teamarbeit, wie sie in der kommunitär verfassten Gemeinschaft des Laurentiuskonvents praktiziert wurde. Ausgangspunkt der Arbeit war daher die Etablierung von Teams, die unter lokalen Bedingungen leben und arbeiten und sich langfristig auch selbst unterhalten sollten. Eine christliche Fundierung dieser Arbeit war zwar durch den Laurentiuskonvent gegeben, wurde aber – wie schon in der Anfangszeit des Weltfriedensdiensts - im Sinne des auch weltanschauliche Grenzen überwindenden Arbeitsansatzes nicht zur Voraussetzung für eine Mitarbeit gemacht. Erwartet wurden allerdings die Bereitschaft zur Teamarbeit und die Praktizierung der gleichen Prinzipien innerhalb der Gruppe wie bei den Gemeinschaften, mit denen die Gruppe arbeitete. Weg und Ziel sollten sich entsprechen. Im Jahr 1966 erläuterte Wilfried Warneck in mehreren Anträgen an den Vorstand der Versöhnungsdienste e.V. seine Vorstellungen:

> Es bleibt das *Ziel*, den Weltfriedensdienst als eine Gruppe von Menschen zu bilden, die zu "Freiwilligen"-Diensten, zu "brüderlichen Diensten in der Gemeinschaft ihrer Mitmenschen bereit sind". Selbstverständlich richten sich diese Dienste zuerst auf Brennpunkte der Not und der sozialen oder rassischen Spannungen. Es bleibt das Ziel, dass es dem Freiwilligen gleich ist, ob sich diese Aufgaben in Übersee oder im Inland befinden.
>
>> Nachtrag zum "Aktenvermerk zum Antrag der Gruppendienste der Aktionsgemeinschaft f.d.H. vom 29.3.1966" vom 25.4.1966

> Unser Ziel ist nicht, in erster Linie Häuser und Schulen als Beweis unserer Wohltätigkeit zu bauen, sondern als Mitbürger auf Zeit in Locodjro die dortige Dorfgemeinschaft anzuregen, ihre sie bedrängenden Probleme zu erkennen, zu definieren und Schritt um Schritt anzupacken. Dabei stehen wir als Gesprächspartner und eventuell als Berater zur Verfügung. Von Fall zu Fall können auch Fachkräfte aus unserer Mitte spezielle Aufgaben als Beauftragte der Dorfgemeinschaft selbst übernehmen. Unser Wunsch ist es, in diesem Dorf modellhaft eine Entwicklung auszulösen, die die dort lebenden Menschen befähigt, ihre Möglichkeiten auszuschöpfen.
>
>> Antrag W. Warneck vom 30.1.66 an den Vorstand der Versöhnungsdienste e.V.: Ausschreibung eines Dorfgemeinschafts-Entwicklungsdienstes in Locodjro bei Abidjan/Elfenbeinküste, Westafrika

> - Verwirklichung von "Modellprojekten" in verschiedenen Gebieten, die als Entwicklungs-"Infektionsherde" dienen und von denen auch eine Integration in die lokalen und regionalen Entwicklungsplanungen angestrebt und eine "Animation" dieser Pläne mit Hilfe partnerschaftlicher Gruppen erreicht werden kann, die also zu einer tatsächlichen Flächen- und Breitenwirkung von Gebiet zu Gebiet führen können.
>
>> Brief W. Warneck an den Vorstand der Versöhnungsdienste e.V. vom 29. März 1966

Dieser Idee eines Weltfriedensdiensts als global operierendes Netzwerk entsprach der Gedanke einer Gleichwertigkeit der Arbeit in Projekten im Inland und in Übersee. Abidjan und Köln waren in diesem Konzept Knotenpunkte desselben globalen Netzwerkes von Friedensarbeit. Als Teil dieses Netzwerks wurden auch die ideellen und finanziellen Unterstützer der Friedensarbeit gedacht, zu denen viele Kirchengemeinden gehörten, die sich bereits für die Hilfsprojekte der Aktionsgemeinschaft Für die Hungernden finanzi-

ell und ideell engagierten. Durch ihre Bereitschaft zur Unterstützung der Arbeit des Weltfriedensdiensts sollten sie durch regelmäßige Information an Sachkenntnis gewinnen und auf diese Weise selbst Teil des mit den Gemeinwesenprojekten in Gang gesetzten weltweiten sozialen Prozesses werden. Öffentlichkeitsarbeit und Spendenwerbung sollten den gleichen Prinzipien folgen wie die Arbeit, die dadurch unterstützt werden sollte. Inhaltlich entsprach der von Wilfried Warneck konzipierte Arbeitsansatz durchaus den Ideen des ursprünglichen Weltfriedensdiensts, war jedoch konzeptionell und methodisch deutlich anders aufgestellt als zur Zeit seiner Gründung – wenngleich keineswegs weniger ambitioniert. Damit waren wichtige inhaltliche Eckpunkte gesetzt, die die Arbeitsweise und Ziele des Weltfriedensdiensts bis in die Gegenwart hinein geprägt haben:
- Ansatz bei den Benachteiligten und Marginalisierten auf der Basis persönlicher Betroffenheit;
- Frieden, Gerechtigkeit und gemeinschaftliche Entwicklung als miteinander verbundene Ziele;
- globales Denken konkretisiert durch Netzwerkbeziehungen;
- Partnerschaft und Solidarität als Grundlage für die gemeinsamen Anstrengungen.

Zweiter Anlauf - erste Projekte

Seit der Tagung in Rauschenwasser im August 1965, bei der sich eine kleine Gruppe Gleichgesinnter auf ein Grundsatzpapier zu "Frieden und Freiwilligendienst" verständigt hatte, bemühte sich Wilfried Warneck kontinuierlich um eine Neugründung des Weltfriedensdiensts. Im Januar 1966 brachte er einen ausführlich begründeten Projektantrag für ein Dorfentwicklungsprojekt in der Nähe von Abidjan/ Elfenbeinküste bei dem Vorstand der Versöhnungsdienste e.V. ein. Im März folgte ein weiterer Antrag auf Unterstützung des Neuanfangs der Arbeitsgemeinschaft Weltfriedensdienst. Die Aktionsgemeinschaft Für die Hungernden war zur übergangsweisen Finanzierung einer "Verwaltungseinheit" (d.h. Geschäftsstelle) sowie der Projektkosten bereit. Mittelfristig sollten diese Kosten durch Drittmittelanträge und über Spenderkreise aufgebracht werden, die von den ausreisenden Mitarbeiter*innen aufgebaut und betreut werden sollten. Nach einer intensiven Beratungsphase beschloss der Vorstand der Versöhnungsdienste e.V. im August 1966, dass die "Arbeitsgemeinschaft Weltfriedensdienst" im Blick auf eine Verselbständigung ab 1.1.1967 eigenständig weitergeführt werden sollte.

Im Februar 1967 traf sich eine Vorbereitungsgruppe, um den Neubeginn genauer zu planen. Dabei wurden die Modalitäten der Personalauswahl, die Leitungsaufgaben für künftige Projekte und Mitarbeiter*innen, der Projektevaluation und Wiedereingliederung der Rückkehrer*innen sowie der konzeptionelle und organisatorische Rahmen des "neuen" Weltfriedensdienst diskutiert und beschlossen. Ein Leitungskreis für Vorstandsaufgaben konstituierte sich. Peter Sohr, der sich als Leiter des Workcamps in Dabei und nach seiner Rückkehr als "Reisesekretär" beim Knüpfen von Kontakten zu anderen Gruppen und Diensten bewährt hatte, war zur Übernahme der Geschäftsführung bereit. Zwei kleine Büroräume stellte das Diakonische Werk der Evangelischen Kirche in seinem Berliner Haus in Dahlem zur Verfügung. Am 1.4.1967 bezogen Peter Sohr als neuer Geschäftsführer und Uta Steckel (später Bokemeyer) als Sekretärin die kleine Geschäftsstelle des Weltfriedensdiensts. Im März des folgenden Jahres wurde Monika Bimczok (später Augustin) die neue Sekretärin und erste Ansprechpartnerin für den Weltfriedensdienst und blieb es bis Februar 2002. Abgeschlossen wurde die Phase des Neubeginns für den Weltfriedensdienst am 5. 2. 1969 mit der rechtlichen Selbstständigkeit als eingetragener Verein (Weltfriedensdienst e.V.) mit Wilfried Warneck und Franz von Hammerstein als Vorsitzende. Zur gleichen Zeit verselbstständigten sich auch die Aktion Sühnezeichen und die

Aktionsgemeinschaft Für die Hungernden als eingetragene Vereine. Alle drei Vereine bezogen zum 1. Januar 1970 eine gemeinsame Büroetage in der Berliner Jebensstr. 1.

Während die Geschäftsstelle des Weltfriedensdiensts in Berlin angesiedelt blieb, wurde der Malterserhof in Römlinghoven bei Bonn zur Vorbereitungsstätte für Mitarbeiter*innen und Teams der neuen Projekte. Der Malteserhof war ein ehemaliger Gutshof, der den Laurentiuskonvent, die Büros der Förderergemeinschaft Kinder in Not und den christlichen Entwicklungsdienst Eirene sowie in den Folgejahren auch die Aktionsgemeinschaft Dienst für den Frieden (AGDF) und Church and Peace beherbergte. Als Vorbereitung für den Einsatz in einem der neuen Projekte des Weltfriedensdiensts war ein mehrwöchiges Praktikum in Gemeinwesenarbeitsprojekten der Förderergemeinschaft Kinder in Not, eine Einführung in die Methode der Gemeinwesenarbeit, Sprachkurse und landeskundliche Informationen vorgesehen. Entsandt wurden entsprechend der Warneckschen Konzeption jeweils "Dienstgemeinschaften" (Teams), die an ihren Einsatzorten unter der Bezeichnung "Services Communautaires" bzw. "Community Services" arbeiteten. Zuständig für die Vorbereitung war Wilfried Warneck, der dies neben seinen vielen anderen Verpflichtungen zusätzlich zu bewältigen hatte.

Elfenbeinküste

Seit dem Aufbaulager in Dabou im Jahr 1964/65 war die Elfenbeinküste als erstes Land für ein Projekt des "neuen" Weltfriedensdiensts im Gespräch. Hier bestanden intensive Kontakte zur lokalen Methodistischen Kirche, über die auch die Aktionsgemeinschaft Für die Hungernden seit längerem Kinder über ihr Patenschaftsprogramm unterstützte. Bereits im Jahr 1966 war eine Voruntersuchung für ein Pilot-Projekt in Locodjro bei Abidjan/Elfenbeinküste durchgeführt worden, das jedoch aufgrund ungünstiger Rahmenbedingungen nicht begonnen wurde. Als deutlich geeigneter erwies sich dagegen das Doppeldorf Nia-Dia im Siedlungsgebiet der Volksgruppe der Dida, ca. 250 km von der Hauptstadt Abidjan entfernt. Unterstützt von dem zuständigen Abgeordneten der Nationalversammlung und in formeller Trägerschaft der methodistischen Kirche der Elfenbeinküste begann im Oktober 1967 die Arbeit. Entsprechend dem Anspruch, die im deutschen Kontext entwickelte Methode der Gemeinwesenarbeit in einem afrikanischen Land modellhaft zu erproben, lag das Augenmerk des Teams und der Mitarbeiter in Deutschland besonders auf Fragen der Anwendbarkeit und Übertragbarkeit der Methode der katalytischen Gemeinwesenarbeit.

Den methodischen Vorgaben entsprechend errichtete das Weltfriedensdienstteam einen eigenen Wohnkomplex aus lokalen Materialien auf einem Gelände, das von der Dorfgemeinschaft zur Verfügung gestellt und dafür gerodet worden war. Sorgfältig analysierte und dokumentierte das Team die Lebensverhältnisse und die sozialen Strukturen der Bevölkerung, identifizierte die Arbeitsebenen und relevante Kontaktpersonen und baute entsprechende Arbeitsbeziehungen auf. Die Arbeit mit der bäuerlichen Bevölkerung umfasste die Bereiche Landwirtschaft, Gesundheitswesen, Frauen- und Jugendarbeit sowie Dorfneubau, wofür im Team die entsprechenden Kompetenzen vorhanden waren. Diese Tätigkeiten dienten jedoch lediglich der Legitimation für den Aufenthalt des europäischen Teams in den Dörfern. Seine eigentliche Aufgabe bestand in der Aktivierung der lokalen Bevölkerung mit den Methoden der Gemeinwesenarbeit und dem "aktivierenden Dialog" als deren Kernstück. Ergänzend zu den praktischen Tätigkeiten in diesen Bereichen suchte das Team daher nach Möglichkeiten, anhand konkreter Probleme soziale Entwicklungsprozesse in Gang zu setzten und zu begleiten. Wöchentliche Teambesprechungen, Studientage, ein differenziertes Berichtswesen sowie die Dokumentation verschiedener Untersuchungen und der relevanten Kontakte bildeten die Grundlage für die permanente Reflexion der eigenen Arbeit sowie für die Weiterentwicklung der Methode der Gemeinwesenarbeit.

Die erste Phase der Arbeit in diesem Projekt (1968 bis 70) wurde in einer WFD-eigenen Publikation (Reich, Ursula/Thamm, Folker, Methodische Aspekte einer ländlichen Gemeinwesenarbeit an der Elfenbeinküste. WFD 1971) ausführlich dokumentiert. Eine weitere Publikation stellte die Arbeit mit Frauen ausführlich dar (Schöpflin, Ninon, Difficultés et Espoirs de l'Animation Féminine en pays Dida 1968 – 1972. WFD 1973), die zu dieser Zeit in der Entwicklungszusammenarbeit noch kaum als eigenständige Zielgruppe wahrgenommen wurden. In den folgenden Jahren entwickelte sich das Projekt zu einem regionalen Zentrum für Gemeinwesenarbeit mit zahlreichen lokalen Mitarbeiter*innen für zwei Kantone mit ca. 100 Dörfern. Im Jahre 1979 beendete der Weltfriedensdienst seine Mitarbeit in diesem Projekt in der Hoffnung, dass diese Arbeit von einer eigenständigen Bauernorganisation fortgeführt würde. Dies erfüllte sich jedoch nur sehr eingeschränkt, da das Projekt einerseits für die beteiligten Bauern zu groß geworden und mit hohen Personalkosten verbunden war, zum anderen auf staatlicher Seite kein politischer Wille vorhanden war, derartige Strukturen der bäuerlichen Selbstorganisation zu unterstützen. Gleichzeitig waren im Laufe der Zeit finanzielle Abhängigkeiten vom Weltfriedensdienst entstanden, die eine Verselbständigung des Projekts erschwerten. Lediglich im Bereich der von den Frauen dominierten Subsistenzwirtschaft und bei der Vermarktung von Marktfrüchten durch die Männer in einigen Dörfern blieben Formen der Selbstorganisation bestehen.

Palästina

Zu dem von Wilfried Warneck entwickelten Konzept des Weltfriedensdiensts gehörte auch die Erprobung der Methode der Gemeinwesenarbeit unter verschiedenen politischen und kulturellen Rahmenbedingungen. Der "Sechs-Tage-Krieg" zwischen Israel und seinen Nachbarstaaten vom 5. bis 10. Juni 1967 bot dafür eine überraschend neue Gelegenheit. Während die Medien und die öffentliche Meinung in West-Deutschland eindeutig für Israel Partei ergriffen, traf der Vorstand des Vereins Versöhnungsdienste e.V. unmittelbar nach dem Ende dieses Krieges eine bemerkenswerte Entscheidung. Mitarbeiter des Weltfriedensdiensts sollten im gerade von Israel eroberten Westjordanland mit einem Projekt der Gemeinwesenarbeit zur Stärkung der arabischen Zivilgesellschaft beitragen und dadurch dabei mithelfen, die Voraussetzungen für einen gerechten Frieden zu schaffen. Parallel zu der Arbeit der Schwesterorganisation Aktion Sühnezeichen, die als Zeichen des deutschen Willens zur Versöhnung mit den Juden seit 1961 Freiwillige nach Israel entsandt hatte, sollte dieses Projekt vor allem deutlich machen, dass Friedensdienst unter beiden Konfliktparteien nötig und möglich ist.

Bereits im August 1967 wurde ein Mitarbeiter in die Westufergebiete geschickt, um die Situation nach dem Krieg zu sondieren und Kontakte für die Entsendung eines Teams zu knüpfen. Über eine Freiwillige des Schweizer Christlichen Friedensdienstes, zu dem bereits seit dem Aufbaulager im griechischen Servia gute Beziehungen bestanden, wurde der Kontakt zu einem Waisen- und Pflegeheim in ElAzariye (Bethanien) östlich von Jerusalem hergestellt. Mit der Leitung des Heimes wurde die Entsendung eines Teams (darunter eine Krankenschwester) vereinbart, das im Laufe des folgenden Jahres 1968 anreiste. Die Kerngruppe des ersten Teams bestand aus ehemaligen Freiwilligen der

Aktion Sühnezeichen, die zuvor einen Einsatz in Israel absolviert hatten und daher auch über gute Kontakte zur israelischen Seite verfügte.

Durch einen zufälligen Kontakt zu den beiden damals sehr abgelegenen Dörfern Kafr Na'ameh und Bil'in an der "grünen Grenze" zu Israel nordwestlich von Ramallah verlagerte sich die Arbeit des Teams in diese Dörfer. Gemeinsam mit den Frauen aus beiden Dörfern gelang es, eine Frauenkooperative für die Herstellung und den Vertrieb von traditionell bestickten Textilien aufzubauen. Dadurch erhielten die Frauen zum ersten Mal ein bescheidenes Einkommen, was das Selbstbewusstsein und die soziale Stellung der Frauen als Gruppe in beiden Dörfern deutlich erhöhte. Von Bedeutung für die Palästina-Arbeit des Weltfriedensdiensts waren insbesondere der Verkauf von Stickwaren der Frauenkooperative und die damit verbreiteten Informationen, die Mitarbeiter*innen und Freund*innen des Weltfriedensdiensts in ihrem persönlichen Umfeld in Deutschland organisierten. Auf diese Weise bildeten sich Spenderkreise, die die Arbeit in Palästina zum Teil über Jahrzehnte hinweg unterstützten.

Von Bedeutung für die Palästina-Arbeit des Weltfriedensdiensts waren insbesondere die Kontakte zu der Schwesterorganisation Aktion Sühnezeichen in Jerusalem, die den Mitarbeiter*innen des Weltfriedensdiensts Einblicke in die Situation der Menschen in Israel vermittelten. Ebenso gewannen Freiwillige der Aktion Sühnezeichen bei Besuchen im Projekt des Weltfriedensdiensts eine Vorstellung von der Lebenswirklichkeit der palästinensischen Bevölkerung unter den Bedingungen der israelischen Besatzung. Eine Zusammenarbeit besonderer Art zwischen beiden Organisationen ergab sich von 1970 bis 1974 durch die Übernahme von zwei Mitarbeitern der Aktion Sühnezeichen mit Verträgen des Weltfriedensdiensts in einem Forschungs- und Ausbildungsprojekt der Hebräischen Universität in der Negev-Wüste. Im Wadi Maschasch südlich der

Stadt Beer Scheva wurde die bereits von Nabatäern in der Antike praktizierte Wüstenlandwirtschaft neu erprobt. Dies sollte langfristig auch als Modellprojekt für die landwirtschaftliche Versorgung in ähnlichen ariden Gebieten dienen.

Brasilien

Zum Konzept des WELT-Friedensdienstes gehörte auch die Entsendung von Mitarbeiter*innen in verschiedene Kontinente. Bereits 1967 war über das Lateinamerika-Zentrum in Bonn ein Kontakt zu einem gemeinnützigen Verein in der Bergarbeiterstadt Nova Lima/Brasilien entstanden, mit dem die Unterstützung durch ein kleines Team des Weltfriedensdiensts vereinbart wurde, das im Februar 1969 mit der Arbeit begann. Geplant war der Aufbau eines Systems von berufsqualifizierenden Kursen, der Bau eines Schulgebäudes und einer möglichst genossenschaftlich organisierten Integration der Kursabsolvent*innen in den lokalen Arbeitsmarkt. Dabei sollten im Sinne der Prinzipien der Gemeinwesenarbeit die Kursteilnehmer*innen, ihre Familien und die im Ort vorhandenen Gruppen und Institutionen möglichst intensiv an der Planung und Durchführung dieser Vorhaben beteiligt werden. Geplant wurde das Projekt für einen Zeitraum von 3 Jahren. Es wurde 1973 mit dem Aufbau einer Genossenschaft abgeschlossen.

Zwei weitere Projekte in Lateinamerika wurden auf der Basis von Einzelentsendungen im Jahre 1969 begonnen. Im September 1969 reiste ein Mitarbeiter für 2 Jahre nach Otavalo/Ecuador zur Unterstützung einer Landwirtschaftsschule aus, die durch die FAO (Food and Agriculture Organization der UN) gefördert wurde. Im Dezember 1969 begann ein Mitarbeiter mit einem zweijährigen Einsatz in einem Jugendheim in Sucre/Bolivien. Weitere Projekte in Lateinamerika wurden in den folgenden Jahren nicht mehr begonnen. Die Hoffnung, der Rosenstock-Huessyschen Idee eines international operierenden Weltfriedensdiensts über die Kooperation mit anderen Freiwilligendiensten zum Durchbruch zu verhelfen, hatte sich mit den Einsätzen in Lateinamerika nicht erfüllt. Regionaler Arbeitsschwerpunkt des Weltfriedensdiensts blieben für die nächsten Jahre Länder in Westafrika.

Gambia

In den zwei Jahren seit der Neugründung des Weltfriedensdiensts hatte allein das Team in der Elfenbeinküste streng nach den Vorgaben der Hauserschen Methode der Gemeinwesenarbeit gearbeitet und damit die Praxistauglichkeit dieses Ansatzes demonstriert. Eine Schwäche dieses Projektes war jedoch die fehlende Unterstützung der nationalen Regierung und die gegenläufigen Interessenlagen der Agrarindustrie, insbesondere der holzexportierenden Firmen sowie der Vermarktungsgesellschaften für Kaffee. Bessere Rahmenbedingungen versprach dagegen das Angebot der Regierung des kleinen westafrikanischen Staates Gambia. Gambia war 1965 als frühere britische Kolonie unabhängig geworden und plante den Aufbau eines staatlichen Community Development (CD)-Programms als Methode für eine integrierte ländliche Entwicklung. Aus Sicht des Weltfriedensdiensts sollten in diesem Projekt in einer Art Hypothesenüberprüfung Vergleichspunkte zum Projekt in der Elfenbeinküste identifiziert werden, um die Anwendbarkeit der Methode der katalytischen Gemeinwesenarbeit unter anderen politischen und kulturellen Bedingungen in Afrika zu überprüfen.

Seit Beginn des Gambia-Projektes im April 1970 sahen sich die Team-Mitglieder jedoch mit verschiedensten und oft konkurrierenden Erwartungen konfrontiert. Während vom Weltfriedensdienst das Projekt als weiterer Versuch der Erprobung des Ansatzes der katalytischen Gemeinwesenarbeit verstanden wurde, erwarteten die gambischen Regierungsstellen und auch die lokale Bevölkerung vor allem materielle Verbesserungen durch den Einsatz von Fachkräften mit technischer Expertise und einer entsprechenden Ausrichtung auf konkrete Verbesserung der Lebensbedingungen in den Dörfern. Erschwerend kam hinzu, dass von der Vertretern des Weltfriedensdiensts gegenüber der Regierung widersprüchliche Zusagen über die Zielsetzungen des Projektes gemacht wurden. Ebenso wurde nicht berücksichtigt, dass die kulturell und ethnisch heterogene Zusammensetzung der Bevölkerung in der Region sowie die von der Regierung gewünschte Ausrichtung des Projektes auf Regionalentwicklung völlig andere Rahmenbedingungen darstellten als in dem "Modellprojekt" des Weltfriedensdiensts in der Elfenbeinküste. Zusätzliches Konfliktpotential schuf die Integration gambischer Regierungsbeamter als Counterparts und die damit verbundene Einbindung in die hierarchischen Verwaltungsstrukturen des Landes. Diese Ausgangssituation führte nicht nur zu kontroversen Diskussionen und Konflikten innerhalb des Teams, sondern wirkte sich auch auf die Qualität der Arbeit und die notwendigen Absprachen mit der Regierung aus.

Die konkrete Projektarbeit in Gambia war daher gekennzeichnet von der ständigen Suche nach Kompromissen zwischen den methodischen Vorgaben der Gemeinwesenarbeit durch den Weltfriedensdienst einerseits und den unterschiedlichen Erwartungen im Land sowie den Vorstellungen einzelner Teammitglieder. Schwerpunkte der Arbeit in dem Projekt waren die Bereiche Landwirtschaft, Gesundheitswesen, Bildung, Infrastruktur, Frauenarbeit und Ausbildung in Gemeinwesenarbeit. Als das Projekt 1978 an das gambische Ministry for Economic Planning and Industrial Development (!) übergeben wurde, konnten zwar Teilerfolge in einzelnen Arbeitsbereichen festgestellt werden, die ursprünglich mit diesem Projekt verbundenen Erwartungen einer sozialen Aktivierung und Organisierung der lokalen

Bevölkerung waren allerdings nur sehr ansatzweise realisiert worden. Insbesondere das Ziel der Erprobung und Weiterentwicklung der Methode der Gemeinwesenarbeit wurde unter diesen Bedingungen nicht erreicht.

Grundsatzdiskussionen

Zum Konzept des Weltfriedensdiensts gehörte es, dass zurückgekehrte Entwicklungshelfer bei Veranstaltungen über ihre Arbeit berichteten. Damit sollte die Methode der katalytischen Gemeinwesenarbeit bekannt gemacht und Unterstützer geworben werden. Die Gemeinwesenarbeit war erst seit Mitte der 1960er Jahre zur neuen und anerkannten Form städtischer Sozialarbeit aufgerückt und galt wegen ihrer Bürgernähe als besonders fortschrittlich. Mit der Entwicklung der katalytischen Gemeinwesenarbeit in Kölner Obdachlosenunterkünften hatten die Förderergemeinschaft Kinder in Not und der Laurentiuskonvent Pionierarbeit geleistet. Nun sollte die Anwendung dieser Methode in Ländern des Südens bekannt gemacht werden. Im Mai 1969 kam es jedoch bei einer Veranstaltung in Berlin über die Arbeit des Weltfriedensdiensts in der Elfenbeinküste zum Eklat. Einige Teilnehmer der Veranstaltung stellten den nicht-direktiven Ansatz der katalytischen Gemeinwesenarbeit massiv in Frage. Sie argumentierten, der Weltfriedensdienst sei sich über die politischen Voraussetzungen und Konsequenzen seiner Arbeit nicht im Klaren und hielte das auch noch für politische Neutralität. Faktisch betreibe er mit seinen Projekten das Geschäft des Neokolonialismus.

Die Diskussionslage im westlichen Teil Deutschlands hatte sich gegen Ende der 1960er Jahre deutlich verändert. Die Studentenbewegung von 1968 war in vollem Gange und der Ton war rauer geworden. Bisher war der Blick auf die Welt bestimmt gewesen durch den Kalten Krieg und den Ost-West-Gegensatz. Nun rückte der Gegensatz zwischen Nord und Süd in den Vordergrund. Vor allem hatte der amerikanische Krieg in Vietnam den Blick geschärft für die Gewaltbeziehungen und Interessenkonflikte zwischen den Ländern des Nordens und des Südens. Auch die Beziehungen zu den ehemaligen Kolonien in Afrika wurden kritisch auf fortdauernde Abhängigkeitsverhältnisse von den kolonialen "Mutterländern" untersucht. So war auch die Entwicklungshilfe in den Verdacht geraten, unter dem Deckmantel der Hilfe faktisch neokoloniale Abhängigkeitsstrukturen von den Ländern im Norden zu fördern. Damit standen auch im Weltfriedensdienst das Selbstverständnis und die Ziele der eigenen Arbeit zur Diskussion.

Sozialemanzipatorische Selbsthilfe, Gerechtigkeit und Frieden waren Leitideen des Weltfriedendienstes seit seiner Gründung. Aber die Frage nach den politischen Bedingungen für die Verwirklichung dieser Ideen war neu. Eine Klausurtagung des Vorstands der Versöhnungsdienste e.V. zum Thema "Kritik von links an der Entwicklungshilfe" im Oktober 1969 ging dieser Frage nach. Die wichtigsten Kritikpunkte insbesondere gegen die personelle Entwicklungshilfe wurden referiert und diskutiert. Man kam zwar zu dem Ergebnis, dass der nicht-direktive Ansatz der katalytischen Gemeinwesenarbeit wesentliche Inhalte dieser Kritik bereits aufgenommen hätte, sah aber auch die Notwendigkeit, diese Diskussion auf eine breitere Grundlage zu stellen. Bisher hatte fast ausschließlich Wilfried Warneck die konzeptionellen Vorgaben und Impulse erarbeitet. Mit der Vereinsgründung im Februar 1969 waren neue Mitglieder dazu gekommen. Auch der Kreis der Freunde und Unterstützer hatte sich vergrößert. Einige von ihnen waren selbst Studenten und bewegten sich im Milieu der kritischen Diskussionen über die herrschenden Verhältnisse in den internationalen Beziehungen.

Vorstand und Geschäftsstelle sahen in dieser Situation eine Chance, das Selbstverständnis und die Arbeitsweise des Vereins in einer Art Vollversammlung mit allen am Weltfriedensdienst Interessierten zu beraten und damit das Interesse an der Arbeit des Vereins zu stärken. Dazu luden Vorstand und Geschäftsstelle zu einer "Begegnung" im März 1970 in das Tagungshaus der Berliner Evangelischen Akademie ein. Mit der Einladung wurde ein Fragebogen zum Selbstverständnis des Weltfriedensdiensts versandt. Bei Vorgabe einer Antwortskala von 1 bis 5 sollten Zustimmung oder Ablehnung zu folgende Fragen markiert werden:

Weltfriedensdienst sollte sein:
1.   Fachdienst für katalytische Entwicklungsarbeit (Community Development)
2. Bruderschaftlich-kommunitäre Gruppendienste als Kristallisationspunkte für Bewegung zu Versöhnung und Gerechtigkeit
3. Vortrupp für radikale strukturelle Wandlung im gesellschaftlichen Bereich
4. Freiwilligendienst als konstruktives Angebot an die deutsche Jugend (etwa gem. Entwicklungshelfergesetz oder voruniversitär)
5. Zulieferer für multinational zusammengesetzte, aus Freiwilligen bestehende Entwicklungsteams
6. von staatlichen Zuschüssen und damit verbundenen Auflagen unabhängig
7. von kirchlichen Zuschüssen und damit verbundenen Erwartungen unabhängig

Der Fragebogen spiegelte die Bandbreite der Vorstellungen wider, die im Weltfriedensdienst über die konzeptionelle Ausrichtung der Arbeit existierten. Das Ergebnis fiel eindeutig aus. Eine deutliche Mehrheit votierte für den Weltfriedensdienst als "Fachdienst für katalytische Entwicklungsarbeit (Community Development)" bei gleichzeitiger Unabhängigkeit von kirchlichen oder staatlichen Zuschüssen. Eine starke Minderheit befürwortete die von Wilfried Warneck entwickelte Idee der "bruderschaftlich-kommunitären Gruppendienste". Für die Optionen 3 und 4 fanden sich nur wenige Unterstützer.

Für die große Zustimmung zur Selbstdefinition des Weltfriedensdiensts als "Fachdienst für katalytische Gemeinwesenarbeit (Community Development)" gab es mehrere Gründe. Zum einen war Community Development eine bereits etablierte Form der organisierten Entwicklung "von unten" in Ländern des Südens, die u.a. in Indien und Ghana im Rahmen staatlicher Programme praktiziert wurde.

Die Bezeichnung "Fachdienst" signalisierte den in der Warneckschen Konzeption enthaltenen Anspruch, Modellprojekte durchzuführen und die dabei gemachten Erfahrungen und Einsichten zur Weitergabe aufzubereiten.

Die Erfahrungen der ersten Rückkehrer*innen aus den Projekten in der Elfenbeinküste und in den von Israel besetzten Gebieten hatten jedoch gezeigt, dass die Voraussetzungen dafür mehr als unzureichend waren. Die Rückkehrer*innen monierten das Fehlen von ausreichenden fachlichen und organisatorischen Voraussetzungen und drängten auf ein angemessenes Verhältnis zwischen Anspruch und Wirklichkeit in der Projektarbeit. Schließlich machten auch die "Kritik von links" und die politische Aufbruchsstimmung im Gefolge der Studentenbewegung von 1968 eine Überprüfung des eigenen Selbstverständnisses als Entwicklungsdienst und die Verständigung über eine konkrete gesellschaftliche Utopie als Vision für die eigene Arbeit notwendig.

Die Programmplanung für die "Begegnung" im März 1970 entsprach diesen Erwartungen. Wie bereits bei der Auswertung des Fragebogens schälten sich im Verlauf der Tagung zwei Positionen heraus, die sich zwar in vielen Aspekten überschnitten, in wichtigen Punkten jedoch divergierten. So betonte insbesondere Wilfried Warneck den Aspekt des Freiwilligendienstes als Anstoß für Versöhnung und Gerechtigkeit, während die Mehrheit der Teilnehmer*innen an der Formulierung eines gesellschaftspolitischen Leitbildes als Orientierung für die Arbeit interessiert war. Auf zwei weiteren Tagungen in Beienrode bei Königslutter im Juni (Beienrode I) und November (Beienrode II) des gleichen Jahres wurde diese Diskussion fortgesetzt. Allerdings führten weder der Versuch von Begriffsklärungen noch die Diskussion der "Arusha-Deklaration" der tansanischen TANU-Partei oder der UN-Menschenrechtserklärung als Leitbild für den Weltfriedensdienst zu einem befriedigenden Ergebnis. Bei einer Tagung im Mai 1971 (Beienrode III) einigte man sich, die Grundsatzdiskussion in der bisherigen Form nicht fortzusetzen. Stattdessen sollten am Beispiel der gut dokumentierten Arbeit im Projekt an der Elfenbeinküste Maßstäbe für die Analyse und Bewertung der Arbeit in den Projekten gewonnen werden. Im August 1971 fand dazu eine eigene Arbeitstagung in Berlin statt mit dem Ziel, aus der Analyse der konkreten Bedingungen der sozialen und ökonomischen Verhältnisse im Projektgebiet der Elfenbeinküste übertragbare Kriterien für die übrigen Projekte zu finden. Dieses Ziel wurde zwar nicht erreicht, erbrachte aber wichtige Lerneffekte und ein besseres Verständnis für die Komplexität des eigenen Arbeitsansatzes.

Das vorläufige Ende der intensiven Grundsatzdiskussionen mit fünf Tagungen in kurzer Folge war nicht nur einer gewissen Diskussionsmüdigkeit geschuldet, sondern ebenso den Entwicklungen im Verein. In den drei Jahren seines Bestehens hatte sich der Weltfriedensdienst zu einem anerkannten privaten Träger des Entwicklungsdienstes entwickelt, der durch den Geschäftsführer Peter Sohr und den Vorstandsvorsitzenden Wilfried Warneck in verschiedenen entwicklungspolitischen Gremien vertreten war. So gehörte der Weltfriedensdienst 1967 zu den Gründungsmitgliedern der Aktionsgemeinschaft Dienst für den Frieden (AGDF), deren Geschäftsführer Ulrich Frey wurde, der schon seit dem Arbeitseinsatz in Dabou/Elfenbeinküste 1965 mit dem Weltfriedensdienst verbunden war. Auch an der Entstehung des Entwicklungshelfergesetzes von 1969 waren Wilfried Warneck und Peter Sohr durch ihre aktive Mitarbeit im Arbeitskreis "Lernen und Helfen in Übersee" beteiligt. Eine entscheidende Weichenstellung für die weitere Entwicklung des Weltfriedensdiensts war die Anerkennung als privater Träger des Entwicklungsdienstes durch das Bundesministerium für wirtschaftliche Zusammenarbeit im Januar 1971. Damit konnte er die finanzielle Förderung und den rechtlichen Schutz des Ministeriums in Anspruch nehmen, war aber gleichzeitig an dessen Förderbedingungen und Abrechnungsmodalitäten gebunden. Der Weltfriedensdienst musste sich in diesem Rahmen als kompetenter Partner profilieren und den damit verbundenen Anforderungen entsprechen. Zwar blieben die Kontakte zu Freiwilligendiensten und kirchlichen Netzwerken und Institutionen weiter bestehen, doch entwickelte sich der Weltfriedensdienst zunehmend von einem unabhängigen Freiwilligendienst mit links-protestantischen Wurzeln zu einem weltanschaulich ungebundenen zivilgesellschaftlichen Träger der staatlich mitfinanzierten Entwicklungshilfe im westlichen Teil Deutschlands.

Eine weitere Konsequenz war die Verstärkung der Tendenz zu einer stärkeren Professionalisierung der Arbeit des Vereins. Dazu mussten die personellen Kapazitäten der Geschäftsstelle erhöht werden. Zum 1. Juni 1971 wurde in der Geschäftsstelle der Aufgabenbereich "Projektbegleitung, Evaluierung und verwandte Aufgaben" neu geschaffen und Herta Friede als Mitarbeiterin der Geschäftsstelle dafür angestellt. Herta Friede systematisierte die bisher erzielten Ergebnisse der Grundsatzdiskussionen in einer Vorlage für die Mitgliederversammlung im Januar 1972 und brachte damit die Phase der Bemühungen um die Formulierung eines Konzepts für die "katalytische Gemeinwesenarbeit" im Weltfriedensdienst zu einem gewissen Abschluss. Gleichzeitig organisierte sie ein Fachgespräch mit Theoretikern und Praktikern der ländlichen Entwicklung in Entwicklungsländern im September 1973 in der Heimvolkshochschule Göhrde bei Lüneburg. Die einzelnen Beiträge zu der Tagung "Aspekte zu Community Development und Animation Rurale in ländlichen Gebieten Westafrikas" wurden in hektographierter Form in einer Schriftenreihe des Weltfriedensdiensts veröffentlicht.

Auch die personelle Basis des gesamten Vereins wurde durch die Debatten über Selbstverständnis und Arbeitsweise des Weltfriedensdiensts deutlich gestärkt. Vor allem die erste Generation der Rückkehrer*innen aus den Projekten in Westafrika und Palästina beteiligte sich regelmäßig daran. Die meisten von ihnen wurden Vereinsmitglieder, die auf Tagungen und Mitgliederversammlungen die Arbeit des Vereins mitbestimmten. Insbesondere die in Berlin wohnenden Mitglieder trafen sich regelmäßig zu Arbeitsgesprächen und sonstigen Anlässen und fühlten sich dem gemeinsamen Projekt "Weltfriedensdienst" besonders verbunden. Das freiwillige Engagement der Vereinsmitglieder und Unterstützer bestimmte damit wesentlich die Arbeit des Weltfriedensdiensts. Projektbeiräte begleiteten anhand von Protokollen und Korrespondenz die Arbeit in den Projekten. Arbeitsgruppen trafen sich zur Bearbeitung einzelner Sachverhalte. Auch die Mitarbeiter*innen in den Projekten des Weltfriedensdiensts wurden bei den jährlich stattfindenden Projektseminaren an der Diskussion über Grundsatzfragen der Vereins- und Projektpolitik beteiligt. Hinzu kamen die sog. Vorvertragsinhaber (1972: 3, 1973 weitere 7 Personen) des Hochschulprogramms im Rahmen des Entwicklungshelfergesetzes, an dem sich der Weltfriedensdienst ab 1972 beteiligte. Das Programm sah vor, dass Studierende erst nach Studienende einen Entwicklungsdienst anstelle des Wehrdienstes beginnen konnten, sofern sie eine Vertragszusage von einem anerkannten Träger des Entwicklungsdienstes erhalten hatten. Für diese Studierenden wurde ein eigenes Vorbereitungsprogramm entwickelt, das einerseits auf den künftigen Entwicklungsdienst vorbereiten, andererseits aktuelle entwicklungspolitische Fragen zur Diskussion stellen sollte.

Das starke ehrenamtliche Engagement der Vereinsmitglieder und Unterstützer des Weltfriedensdiensts musste auch bei der Organisation des Vereins berücksichtigt werden. Schon auf der letzten Tagung zu Grundsatzfragen im August 1971 war angeregt worden, den gesetzlich vorgeschriebenen zweiköpfigen Vereinsvorstand durch die Wahl von Beisitzern zu erweitern. Bei der Mitgliederversammlung im Januar 1972 wurden neben den Vorsitzenden Wilfried Warneck und Franz von Hammerstein (Stellvertreter) auch je zwei Rückkehrer*innen aus den Projekten an der Elfenbeinküste und in Palästina als Beisitzer gewählt. Gleichzeitig wurde beschlossen, künftig 14tägige Vorstandsbesprechungen abzuhalten, durch die die inhaltliche Arbeit der Geschäftsstelle unterstützt und begleitet werden sollte. Zum Selbstverständnis und den Aufgaben von Vereinsmitgliedern wurde im Protokoll der gleichen Mitgliederversammlung festgehalten:

> Die Diskussion über die zu diesem Punkt vorliegenden Papiere … ergab die Befürwortung eines kleinen aktiven Mitgliederkreises, der soweit wie möglich an dem Entscheidungsprozess innerhalb des WFD beteiligt sein müsse. Als Kriterien für die Mitgliedschaft wurden genannt: Bereitschaft zur aktiven Mitarbeit (z.B. im Bereich der Information und Kontaktherstellung zu entwicklungspolitischen Gruppen, Kirchengemeinden etc.) und Bereitschaft zur Übernahme bestimmter Aufgaben (z.B. Delegierter von WFD für Tagungen, Kontaktgespräche etc.).

Um diese aktive Mitgliedschaft auch in der Organisation des Vereins zu verankern, wurde eine Änderung der Vereinssatzung vorbereitet, die bei einer außerordentlichen Mitgliederversammlung im März 1974 beschlossen wurde. Dabei wurden als neue Organe des Vereins die bereits existierenden Beiräte eingeführt, die die Mitgliederversammlung zu ihrer Beratung berufen konnte. Mit Einrichtung eines Mitarbeiterseminars sollten vor allem die Mitarbeiter*innen in den Projekten an den Meinungsbildungs- und Entscheidungsprozessen im Verein beteiligt werden, die damit auf eine breitere Grundlage gestellt werden sollten. Dem Mitarbeiterseminar und den Beiräten wurde dabei per Satzung ein gewisses Mitspracherecht bei Vorstandsentscheidungen eingeräumt.

Auch eine Namensänderung des Vereins stand zur Debatte. Im Laufe der Neuorientierung und Konsolidierung der Arbeit des Weltfriedensdiensts war die Idee eines Freiwilligendienstes für den Frieden zugunsten des Konzepts des Community Development zunehmend in den Hintergrund getreten. Nur noch wenige Vereinsmitglieder konnten sich mit dem Namen und dem Konzept eines Weltfriedensdiensts identifizieren. So wurden zur Vorbereitung der Entscheidung über einen entsprechenden Beschluss der Mitgliederversammlung am 28. März 1974 Vorschläge an die Mitglieder verschickt. Mit der gleichbleibenden erläuternden Unterzeile "Internationaler Dienst für soziale Entwicklung" standen zur Abstimmung:

INTERACTIO
COMMUNITY SERVICES
AKTION SOLIDARITÄT
W F D
WELTFRIEDENSDIENST

sowie die später eingegangenen Namensideen:

Arbeitsgemeinschaft für Sozialentwicklung
AG für Sozialstrukturhilfe
AG für Sozialarbeit in Entwicklungsländern
AG für Gemeinwesenarbeit in E-Ländern
AG für Selbsthilfeprogramme

Nicht ganz ernst gemeint, aber auch nicht untypisch für die damalige Stimmungslage im Weltfriedensdienst waren die folgenden Vorschläge:

Privilegienknackerbande
Wilfrieds Erben
Peace Ltd.
Kannibalen und Liebe
Urbi et Orbi
The Spree City Peace-Makers
Intersolidario
Africarabia
Conscientisation
Pro Progresso
Pascholl [russ. "Vorwärts"]
Power to the Bauer

Keiner der Vorschläge für eine Namensänderung erreichte die für eine Satzungsänderung erforderliche Zweidrittelmehrheit. Offenbar hatte sich die mittlerweile fünfzehnjährige Tradition des Namens als stärker erwiesen. Das Protokoll der nächsten Mitgliederversammlung im Januar 1975 vermerkte daher zur Frage des neuen Namens eher lapidar:

> "Ein Meinungsbild unter den Mitgliedern ergibt, daß einerseits die Notwendigkeit einer Namensänderung nicht als dringend empfunden wird und andererseits die Alternativvorschläge nicht sehr überzeugend sind."

Die Phase der Grundsatzdiskussionen über das Selbstverständnis und die inhaltliche Ausrichtung des Weltfriedensdiensts war damit zwar nicht abgeschlossen, aber zumindest in Teilen organisatorisch eingebettet und verstetigt. Zugleich waren damit die Voraussetzungen dafür geschaffen, dass die Erfahrungen mit der ersten Generation von Projekten der katalytischen Gemeinwesenarbeit aufgearbeitet und bei der Auswahl und Planung weiterer Projekte einbezogen werden konnten.

Projektpolitik 3: Staatliche Partner

Fachdienst für Gemeinwesenarbeit

In den Jahren von 1971 bis 1973 wurden die Projekte in Peru, Ecuador und Brasilien beendet. Um die Finanzierung und Arbeitsfähigkeit insbesondere der Geschäftsstelle zu erhalten, mussten neue Projekte geplant und durchgeführt werden. Dazu war ein inhaltlicher Konsens innerhalb des Weltfriedensdiensts über die Art der neu zu beginnenden Projekte notwendig. Die Suche nach neuen Projekten war daher immer verbunden mit der Frage nach dem aktuellen Konsens über die zu verfolgende Projektpolitik. Dieser einfache Mechanismus sorgte auch in Zukunft für eine ständige Überprüfung der Projektpolitik und damit für eine kontinuierliche Diskussion des Theorie-Praxis-Verhältnisses in der Arbeit des Weltfriedensdiensts.

Die projektpolitischen Prämissen für die Suche nach neuen Projekten fasste eine Vorlage für die Mitgliederversammlung 1973 wie folgt zusammen:

> "WFD ... wird sich in absehbarer Zeit auf pädagogisch-erzieherische Maßnahmen im ländlichen Bereich konzentrieren und als Hauptziel den Aufbau von neuen Organisationsstrukturen zur Erreichung der Partizipation der ländlichen Bevölkerung an polit-ökonomischen Entscheidungsprozessen verfolgen, d.h., Komplementärmaßnahmen zu technischen Entwicklungsprogrammen (integrativer approach)."

Die ursprünglich verfolgte Idee, Modellprojekte der Gemeinwesenarbeit aufzubauen und dafür vorhandene Freiräume in den Gastländern zu nutzen, hatte sich zunehmend als problematisch erwiesen. Zum einen war eine langfristige Verselbständigung der Projektarbeit ohne eine Einbindung in nationale Strukturen kaum zu erreichen, zum anderen würden erfolgreiche Bauernorganisationen bei der Durchsetzung ihrer Interessen schnell auf den Widerstand von wirtschaftlich und politisch stärkeren Interessengruppen im

Land stoßen. Auch neigten sich die Zeiten, in denen europäische Organisationen unabhängig von nationalen Entwicklungsprogrammen afrikanischer Regierungen ihre eigenen Entwicklungsprojekte durchführen konnten, unwiderruflich dem Ende zu. Als Resümee der "Berichte aus den Projekten" formulierte das Protokoll der Mitgliederversammlung im Januar 1974 daher:

> "Allen Projekten gemeinsam ist die Problematik der Integration der WFD-Programme in einen übergeordneten, national integrierten organisatorischen Rahmen. Dieser Gesichtspunkt sollte beim Aufbau eines neuen Projektes berücksichtigt werden."

Als wichtiges Prinzip sollte jedoch die Basisorientierung und das Prinzip der Partizipation der Bevölkerung an politischen Entscheidungsprozessen bei künftigen Projekten beibehalten werden, d.h. die Unterstützung beim Aufbau von selbstorganisierten Interessenvertretungen der ländlichen Bevölkerung. Diese Prinzipien gehörten zum unstrittigen Kernbestand des Selbstverständnisses des Weltfriedensdiensts. Zugleich schlossen sie unmittelbar an das Konzept des afrikanischen Sozialismus an, das mit der Arusha-Erklärung der tansanischen TANU-Partei von 1967 ihren ersten und prägnantesten Ausdruck gefunden hatte. Aus den Prinzipien der self-reliance (Eigenständigkeit) durch Vertrauen auf die eigenen Kräfte, Erschließung und Kontrolle der eigenen Ressourcen, verstärkte Partizipation der Bevölkerung, Beendigung von kolonialer und postkolonialer Abhängigkeit und Ausbeutung und dem Ziel einer egalitären Gesellschaft entstand die Vision eines eigenständigen afrikanischen Entwicklungsmodells. In der Phase der Dekolonisierung fanden diese Ideen weite Verbreitung unter den afrikanischen Eliten ebenso wie in der westlichen Linken. Gleichzeitig beeinflussten die ab Mitte der 1960er Jahre in Lateinamerika entwickelten Dependenztheorien mit der zentralen These von der entwicklungshemmenden Abhängigkeit der (südlichen) Peripherieländer von den (nördlichen) Wirtschaftsmetropolen den entwicklungstheoretischen Diskurs und auch die Grundsatzdiskussionen im Weltfriedensdienst.

Als künftige Projektpartner wurden nun lokale Organisationen oder Regierungsprogramme gesucht, in deren Konzeption die Prinzipien der Basisorganisationen, der Partizipation der Bevölkerung und einer entsprechend dezentralen Planung enthalten waren. Statt – wie bisher – eigene (Modell-)Projekte der Gemeinwesenarbeit aufzubauen, wurde nun die Mitarbeit in Form einer Programmhilfe für bestehende oder im Aufbau befindlicher Animationsprogramme für die ländlichen Bereiche in Afrika angestrebt. Bevorzugte Partner waren daher solche Staaten oder Organisationen, die sich zumindest in Teilen an dem Konzept des afrikanischen Sozialismus orientierten. Dabei sollte der Schwerpunkt der neuen Projekte auf der Aus- und Fortbildung sowie der pädagogischen Begleitung von einheimischen Animationskadern liegen. Auf diese Weise hoffte man, die angestrebten Ziele und die Nachhaltigkeit der eigenen Arbeit besser sichern zu können als bisher.

Senegal

Über Kontakte zu internationalen Organisationen sowie zu Forschern und Instituten in Westafrika ergaben sich im Laufe des Jahres 1974 mehrere Kooperationsmöglichkeiten mit Programmen, die den Zielen des Weltfriedensdiensts in etwa entsprachen. Konkrete Ansatzpunkte für eine Zusammenarbeit wurden in den Ländern Senegal, Burkina Faso (damals Obervolta), Mali und Kamerun geprüft. Vereinbart wurde zunächst die Mitarbeit in dem Programm der staatlichen "Promotion Humaine" (die französische Variante der Gemeinwesenarbeit) im Senegal, das zunächst in der Region Diourbel im Osten des Landes modellhaft erprobt werden sollte. Ziel des von der senegalesischen Regierung etablierten Programms waren die Information der ländlichen Bevölkerung über Gesetze zur Verwaltungs- und Landreform, zur Dezentralisierung und zu den Möglichkeiten einer Beteiligung der ländlichen Bevölkerung daran. Auf diese Weise sollte die Bevölkerung in die Lage versetzt werden, ihre gesetzlich verankerten Rechte zu kennen und auch wahrzunehmen. Darin sah der Weltfriedensdienst noch Reste einer antikolonialen und vor allem basisdemokratischen Bewegung, die staatlich gewollt und unterstützt wurde. Aufgabe des Teams des Weltfriedensdiensts sollte sein, entsprechende Curricula und pädagogischen Materialien zu entwickeln und auf dieser Basis die Aus- und Fortbildung des einheimischen Personals der Promotion Humaine zu organisieren, das diese Kenntnisse vermitteln sollte. Vorgesehen war die Entsendung einer Fachkraft für Frauenfragen, die auf nationaler Ebene für die Neukonzipierung und -strukturierung der Arbeit mit Frauen im Senegal zuständig sein sollte.

Im Oktober 1975 begann ein Team von vier Mitarbeiter*innen mit der Arbeit. Zunächst mussten die in der Amtssprache Französisch formulierten Texte in die Lokalsprache Wolof übersetzt werden. Für die nicht-alphabetisierte Landbevölkerung wurde Bildmaterial zu verschiedenen Themen erstellt. Nach einer Testphase wurden diese Zeichnungen relativ aufwendig bei der Nationalen Verwaltungsschule (ENA) und mit der Unterstützung von UNICEF gedruckt und als Bildtafeln hergestellt, die dann landesweit zur Aufklärung der Bevölkerung über ihre gesetzlichen Rechte eingesetzt werden konnten. Dazu wurden die Mitarbeiter*innen der Promotion Humaine für deren Anwendung bei Seminaren in den Dörfern geschult. Bald stellte sich jedoch heraus, dass die Bedingungen für die Umsetzung des Programms den vereinbarten Programmzielen deutliche Grenzen setzten. Die in Aussicht gestellte Mitbestimmung der lokalen Bevölkerung an politischen Entscheidungsprozessen bezog sich lediglich auf Infrastrukturmaßnahmen, nicht jedoch auf den für diese Region zentralen Bereich der Erdnussproduktion, z.B. auf die für die Bauern relevante Preispolitik für die Erdnussvermarktung. Auch war die politische Zuständigkeit für das Programm innerhalb der staatlichen Strukturen häufig unklar und z.T. wechselnd, was zu Unsicherheiten und Frustrationen bei den senegalesischen Mitarbeiter*innen in Bezug auf ihren Status als Regierungsangestellte sowie auf die zu verfolgenden Programmziele führte. Dies wirkte sich insbesondere im Bereich der Frauenarbeit negativ aus, als dieser dem neu gegründeten Ministerium für Frauenfragen zugeordnet wurde, während die Arbeit mit der männlichen Bevölkerung weiterhin beim Programm der Promotion Humaine blieb.

> Die MV stellt zum Projekt Senegal als problematisch fest:
> - die Einbindung des Teams in die strikten Verwaltungsstrukturen
> - die (lt. Innenministerbeschluss) strikte Begrenzung der Arbeit des Teams auf die Ebene der Animationskader (kein direkter Zugang zur Basis)
> - die im Hinblick auf die politisch brisante Situation (Interpretation und Durchsetzung der Bodenrechts- und Verwaltungsreform) sehr schwache politische Absicherung des Teams. ..
> MV Mai 1976

Nachdem die pädagogischen Materialien für die Seminare mit den lokalen Bauerngruppen entwickelt und ihr Einsatz bei Seminaren auf Dorfebene erprobt war, stellte sich die Frage, ob und in welcher Form die Kooperation mit der Promotion Humaine fortgesetzt werden könnte. Der von dem Weltfriedensdienst-Team verfolgte nicht-direktive pädagogische Ansatz des "Lernen-lernens" wurde zwar positiv gewürdigt, aber für eine Ausweitung und Fortführung des Programms fehlten sowohl die finanziellen Mittel als auch die administrativen Voraussetzungen und schließlich auch der politische Wille auf Seiten der senegalesischen Regierung. Die Interessen der verantwortlichen Politiker entfernten sich immer weiter von diesem Ansatz und die Promotion

Humaine verlor zunehmend an politischer Kraft. Der Weltfriedensdienst beendete daher 1981 die Zusammenarbeit.

Eine Fortsetzung wie einen Neuanfang der Arbeit im Senegal bedeutete die Kooperation des Weltfriedensdiensts mit der Association Jeunesse Agricole de Casamance (AJAC), die 1966 von dem charismatischen Aktivisten Demba Mansaré in der Casamance im Süden des Senegal gegründet worden war. Erste Kontakte zu der Gruppe hatte bereits das Weltfriedensdienst-Team 1971 in Gambia geknüpft und die Arbeit der Gruppe durch Beratung und finanzielle Unterstützung gefördert. Nachdem die Promotion Humaine ihr Programm 1977 auf die Region Casamance ausgedehnt hatte, entwickelte sich eine intensivere Kooperation zwischen dem Weltfriedensdienst-Team und der AJAC. Als sich 1981 der Weltfriedensdienst aus dem Programm der Promotion Humaine zurückzog, bat die AJAC um die Entsendung von zwei Mitarbeiter*innen des Weltfriedensdiensts für die organisatorische Stärkung der AJAC, die Beratung bei der Durchführung von Seminaren sowie beim Gemüseanbau und dessen Vermarktung. Von 1983 bis 1988 organisierten Mitarbeiter*innen des Weltfriedensdiensts insbesondere Seminare und Fortbildungen für Delegierte von ca. 180 Mitgliedsgruppen der AJAC, deren Aktivitäten vorwiegend im Bereich des bewässerten Gemüseanbaus lagen. Im Laufe der Jahre war die AJAC zu einem Dachverband für die Mitgliedsgruppen geworden, dessen Größe die Managementfähigkeiten des Leitungsgremiums zu überfordern begann. Die daraus resultierenden internen Konflikte erwiesen sich zunehmend als so schwierig, dass sich der Weltfriedensdienst Ende 1988 aus diesem Projekt zurückzog.

Burkina Faso

Ein weiteres Projekt der Programmhilfe in einem partizipativ angelegten ländlichen Entwicklungsprogramm wurde 1977 in Burkina Faso begonnen (der aus der Kolonialzeit stammende Name Obervolta wurde 1984 geändert). Erste Kontakte waren bereits 1974 aufgenommen worden und im Februar 1976 wurde mit den burkinischen Stellen ein Projektvorschlag zwischen Regierung und Weltfriedensdienst vereinbart. Ausschlaggebend für das WFD Engagement in Burkina Faso waren – wie auch im Senegal - die Dezentralisierungsbestrebungen der Regierung auf der Basis einer nationalen Entwicklungsstrategie, die die Selbstverwaltung und Selbstbestimmung der Bevölkerung fördern sollte. Auch in Burkina Faso lag das Projektgebiet in einem wichtigen Anbaugebiet für Exportprodukte (hier Baumwolle, im Senegal waren es Erdnüsse). Ebenso war die Aus- und Fortbildung des einheimischen Programmpersonals als Aufgabe des Weltfriedensdienst-Teams mit den zuständigen staatlichen Stellen vereinbart worden.

Im Juni 1977 reisten zwei Mitarbeiter des Weltfriedensdiensts aus, um den Arbeitsansatz für das Projekt zu konkretisieren. Im Januar 1978 folgte das restliche Team. Die Vereinbarung mit der Regierung sah als Aufgabe des Teams vor, angepasste Methoden der Dorfentwicklung auszuarbeiten und staatliche Dorfberater darin auszubilden. Ferner sollte das Team interessierte Bauern bei der Gründung von Selbsthilfegruppen (groupements villageois) in den Dörfern unterstützen und diese bei der Wahrnehmung ihrer Interessen beraten. Bald stellte sich jedoch heraus, dass die ursprünglichen Programmziele der Förderung der Selbstverwaltung und Selbstbestimmung der ländlichen Bevölkerung aufgrund innenpolitischer Entwicklungen an Bedeutung verloren hatten und auf den Aufbau eines ursprünglich geplanten Animationsprogramms verzichtet wurde. Angestrebt wurde jedoch weiterhin die landesweite Förderung von

Dorfgruppen, die als Selbsthilfegruppen den Anbau und die Vermarktung von Baumwolle vorantreiben sollten. Gleichzeitig sollten die Dorfgruppen die Dorfentwicklung intensivieren durch gemeinschaftliche Projekte, die aus den Vergütungen für die Baumwollvermarktung – später auch Getreidevermarktung - und anderen Einkommen schaffenden Maßnahmen (z.B. Gemeinschaftsfelder, Management von Getreidedepots) finanziert werden sollten.

Trotz der veränderten politischen Rahmenbedingungen und Programmziele entschloss sich der Weltfriedensdienst nach längerer Diskussion, die Arbeit in Form einer pädagogischen Unterstützung bei der Selbstorganisation der Bauern fortzusetzen. Das Team des Weltfriedensdiensts erarbeitete Ausbildungsprogramme für den Aufbau von selbstorganisierten Märkten, zur Buchführung und der gemeinschaftlichen Verwendung von Einkünften aus der Baumwollvermarktung. Dazu kamen Programme zur Organisation der Dorfgruppen selbst sowie Seminare zur Synchronisation der Ausbildungsinhalte zwischen Vertretern der Dorfgruppen und der zuständigen Agrarberater in den regionalen Verwaltungszentren. Da sich die staatlichen Agrarberater zunehmend auf die Förderung der Baumwollproduktion konzentrierten – ein Bereich, der im Projektgebiet von der Weltbank gefördert wurde –, gewann für das Weltfriedensdienst-Team die Förderung der Dorfgruppen und die Planung und Durchführung von Seminaren in den Dörfern immer stärker an Bedeutung. Die Diskussion innerhalb des Teams und im Weltfriedensdienst bewegte sich dementsprechend zwischen der Kritik an der staatlichen Forcierung der Exportproduktion einerseits und der Unterstützung der bäuerlichen Bevölkerung bei ihrem gemeinsamen Bemühen um die Verbesserung ihrer Lebensverhältnisse in den Dörfern (z.B. durch den Bau von Schulen, Krankenstationen, Entbindungsstationen, Dorfapotheken und Brunnen) andererseits. Während der Laufzeit des Projektes von 1978 bis 1984 arbeitete das Weltfriedensdienst-Team in insgesamt drei der fünf Bezirke der Region Bobo-Dioulasso, wobei der Bezirk Houndé mit 39 Dorfgruppen ein Arbeitsschwerpunkt blieb.

Auch in Burkina Faso fand das Engagement des Weltfriedensdiensts nach Beendigung des Projektes eine Fortsetzung. Wie im Senegal waren es einzelne Teammitglieder, die sich für die Fortführung der Arbeit unter anderen Bedingungen und mit einem anderen Partner einsetzten. Nach längerer Diskussion wurde eine Kooperation mit dem Dachverband der Spar- und Darlehenskassen UCECB (Union des Caisses d'Épargne et de Crédit du Burkina) vereinbart, deren Vorgängerorganisation auch für die Dorfgruppen im Projektgebiet des Weltfriedensdiensts zuständig war. Dorfgruppen hatten dort ihre Konten und profitierten gleichzeitig von günstigen Darlehen, die sie bei keiner Geschäftsbank bekommen hätten. Von 1992 bis 1995 unterstützten eine Kooperantin des Weltfriedensdiensts die UCECB im Bereich der Frauenarbeit sowie ein Bankfachmann im Bereich der Organisation und Buchführung auf der Basis einer kontinuierlichen Intervallberatung.

Sowohl im Senegal und als auch in Burkina Faso waren die Erfahrungen mit dem Konzept des Community Development bzw. der "Animation Rurale" eher ernüchternd. In beiden Projekten hatte sich das für den Weltfriedensdienst ursprünglich zentrale Anliegen eines partizipativen Entwicklungsansatzes auf Seiten der staatlichen Partnerorganisation zunehmend verflüchtigt. Auch stellten die hierarchischen und wenig flexiblen Verwaltungsstrukturen ein permanentes Hindernis dar. Daher hatten sich in beiden Projekten die Arbeitsschwerpunkte von der ursprünglichen Programmhilfe für die Animation Rurale hin zur direkten Arbeit mit Bauerngruppen entwickelt. Im Senegal war dies ein fast bruchloser Übergang von der Mitarbeit in einem staatlichen Programm hin zur Unterstützung der autonomen Nicht-Regierungsorganisation AJAC. In Burkina Faso war die Zielgruppe schon bald nicht mehr die staatlichen Kader, sondern die organisierten Dorfgruppen. Um die Dorfgruppen zu stärken, hatte das Weltfriedensdienstteam den Zusammenschluss der Dorfgruppen im Bezirk Houndé ("Union des GV de la région de Houndé") gefördert. Allerdings erreichte dieser Zusammenschluss durch den zu starken Einfluss des Weltfriedensteams nicht die organisatorische und institutionelle Nachhaltigkeit, die für einen langfristigen Fortbestand notwendig gewesen wäre. Das Anschlussprojekt zur Unterstützung der UCECB zielte auf eine Verbesserung des Spar- und Darlehenskassenwesens im Interesse der regionalen und lokalen Kassen. Damit war in dem Burkina Faso-Projekt zumindest die Orientierung auf eine Verbesserung der Lebensverhältnisse durch Selbstorganisation in den Dörfern als Arbeitsziel erhalten geblieben, auch wenn es nicht in dem ursprünglich geplanten Rahmen und Umfang realisiert werden konnte.

Befreiungsbewegungen an der Macht

Parallel zur Mitarbeit in staatlichen Programmen der Animation Rurale entwickelte sich in der zweiten Hälfte der 1970er Jahre ein völlig neues Aktionsfeld für den Weltfriedensdienst: die Zusammenarbeit mit ehemaligen Befreiungsbewegungen, die nach dem Ende des portugiesischen Kolonialregimes die Regierung in ihren Ländern übernommen hatten.

Während die meisten europäischen Kolonien in Afrika im Laufe der 1960er Jahre unabhängig geworden waren, hatte Portugal als einzige Kolonialmacht zäh an seinen überseeischen Besitzungen festgehalten. In den portugiesischen Kolonien in Westafrika führte die 1956 gegründete Unabhängigkeitsbewegung PAIGC (Afrikanische Unabhängigkeitspartei von Guinea und Kap Verde) seit 1963 einen Guerillakrieg für die Befreiung von der kolonialen Herrschaft. Schon seit 1972 hatte die PAIGC große Teile von Guinea-Bissau unter ihre Kontrolle gebracht und am 24. September 1973 seine Unabhängigkeit proklamiert. Mit der sog. Nelkenrevolution vom April/Mai 1974 übernahm das Militär die Macht in Portugal und leitete eine Politik der Dekolonisierung ein. Im September 1974 wurde die Unabhängigkeit Guinea-Bissaus von Portugal anerkannt, im Juli 1975 wurden die Kapverdischen Inseln und Mosambik unabhängig. Im November 1975 folgte Angola. Das Ende der portugiesischen Kolonialherrschaft in Afrika und der etwa zeitgleiche Sieg der sozialistischen Vietcong-Guerillaarmee und nordvietnamesischer Truppen über die technologisch weit überlegenen USA wurden insbesondere von der Linken in Deutschland mit Begeisterung aufgenommen. Entsprechend hoch war die Motivation, den Aufbau der neuen Staaten in Afrika zu unterstützen. Die sozialistische Orientierung der neuen PAIGC-Regierungen in den ehemals portugiesischen Kolonien nährte die Hoffnung, dass damit auch der Aufbau von gerechten und partizipatorisch organisierten Gesellschaften vorangetrieben würde. So wurde bei der Mitgliederversammlung des Weltfriedensdiensts im Juni 1977 Einigkeit festgestellt über die Unterstützung der PAIGC-Regierung auf den Kapverdischen Inseln. Im MV-Protokoll hieß es dazu:

> "... der WFD hat den Befreiungskampf mit großer Sympathie verfolgt, und es entsteht ganz natürlich der dringende Wunsch, dazu beitragen zu können, daß die Erfordernisse des Wiederaufbaus erfüllt werden können."

Im Land selbst sei bereits eine Mobilisierung der Volksmassen in Gang gesetzt worden, in die man sich integrieren könne.

Mit der Zusammenarbeit mit der sozialistischen Partei PAIGC auf der kapverdischen Insel Maio ab Mai 1978 leitete der Weltfriedensdienst den Beginn einer neuen Phase der Kooperation mit afrikanischen Regierungen in seiner Geschichte ein. Unter dem Motto "Zusammenarbeit mit Befreiungsbewegungen an der Macht" wurden in den folgenden Jahren weitere ländliche Entwicklungsprojekte in den ehemals portugiesischen Kolonien Guinea-Bissau und Mosambik begonnen. Mehrjährige Bemühungen um eine Kooperation mit Angola blieben jedoch aus unterschiedlichen Gründen erfolglos.

Kapverden – Insel der Hoffnung?

Schon vor der Unabhängigkeitserklärung Guinea-Bissaus und der Kapverden hatte der Weltfriedensdienst Kontakte zu Vertretern der PAIGC in der BRD aufgenommen. Durch diese Kontakte entstand die Idee einer Zusammenarbeit in Guinea-Bissau und zu einem vorbereitenden Besuch von Peter Sohr in den befreiten Gebieten. Anfang Juli 1974 besuchten Peter Sohr und seine Frau Gretel die befreiten Gebiete in der Nord-Zone von Guinea-Bissau, um die Möglichkeiten einer Zusammenarbeit weiter zu konkretisieren. Nachdem jedoch die Gespräche über eine Zusammenarbeit mit Guinea-Bissau ins Stocken geraten waren, wurde über einen Kontakt zum Landwirtschaftsministerium der Kapverden im Januar 1976 ein Projektvorschlag für die kapverdischen Insel Maio entwickelt. Dieser Vorschlag sah die Entsendung von Fachkräften und die Bereitstellung von technischer und materieller Ausrüstung im Rahmen eines integrierten Entwicklungsprojektes für die Bereiche Wasserversorgung und Erosionskontrolle, Landwirtschaft, Fischerei, Gesundheitswesen, Erwachsenenbildung und Sozialwesen vor. Später wurde auf Anregung des Weltfriedensdiensts die Förderung von Einkommen schaffenden Maßnahmen für Frauen in die Kooperationsvereinbarung aufgenommen.

Die Konzentration auf die technische und materielle Unterstützung beim Aufbau der ehemaligen portugiesischen Kolonie bedeutete eine klare Abkehr von dem bis dahin verfolgten Konzept der Gemeinwesenarbeit (Community Development bzw. Animation Rurale), bei dem der Einsatz von materieller Unterstützung geradezu tabu gewesen war, um keine Abhängigkeiten zu schaffen. Gerechtfertigt wurde diese konzeptionelle Umorientierung durch die bei den Kooperationsverhandlungen zugrunde gelegte Idee, wonach die partizipative Mobilisierung der Bevölkerung durch die PAIGC bereits in Gang gesetzt sei, während die technisch-materielle Unterstützung des Weltfriedensdiensts dem gleichen Ziel im Interesse der Bevölkerung dienen sollte.

> Positive nachhaltige Wirkungen hat es nur dort gegeben, wo die Menschen eines Landes oder einer Region selbst handelnd angefangen haben, gegen die Ursache ihrer Unterentwicklung anzugehen und eine an ihren eigenen Interessen orientierte Entwicklung zu beginnen. Solche Programme und Partner in der Dritten Welt solidarisch und auf der Grundlage ihrer eigenen Planungen zu unterstützen, ist die einzige Legitimation, die Entwicklungsdienst hat; und hieraus leitet der WFD seinen Arbeitsansatz ab.
> WFD-Selbstdarstellung 1977)

Trotz der mit großer Begeisterung aufgenommenen Idee der Mitarbeit beim Aufbau einer gerade befreiten portugiesischen Kolonie waren die Ausgangsbedingungen ausgesprochen schwierig. Die Insel Maio gehört zu den kleineren der 10 bewohnten Inseln der Kapverden. Sie war bei Projektbeginn durch extreme Isolation gekennzeichnet und dementsprechend ökonomisch wie politisch bedeutungslos. 1978 lebten die ca. 4.000 Inselbewohner hauptsächlich von Ziegenzucht, Landwirtschaft, Fischerei und den erheblichen Zuwendungen der Arbeitsmigranten in Europa. Es gab weder institutionalisierte Formen der politischen Beteiligung der Bevölkerung noch eine ausreichende materielle Infrastruktur. Die auf Maio stationierten Verwaltungsbeamten empfanden ihren Einsatz unter den gegebenen Umständen meist als Strafversetzung und waren dementsprechend gering motiviert, sich in besonderer Weise einzusetzen. Gleichzeitig waren die von der kapverdischen Regierung vorgegebenen Zielsetzungen für das Projekt umfangreich und ambitiös, aber kaum angepasst an die auf der Insel bestehenden Verhältnisse. Die Steigerung von wirtschaftlichen Wachstumsraten, Modernisierungs- und staatlich durchgesetzte Kollektivierungsmaßnahmen sowie die Akquisition von ausländischen Hilfsgeldern bestimmten das Handeln der Regierung eher als die ursprünglich propagierte Orientierung an den Bedürfnissen der Bevölkerung. Die von der PAIGC verbreitete Selbstdarstellung als partizipatorisch agierende "offene Massenpartei", deren Entwicklungsplanung an den Bedürfnissen der zumeist ländlichen Bevölkerung orientiert sei, erwies sich bald als Illusion.

Entgegen der ursprünglichen Vereinbarung und trotz wiederholter Anmahnungen durch den Weltfriedensdienst bei den zuständigen Regierungsstellen wurde das Projekt sowohl von der lokalen als auch der nationalen Koordinierungskommission nur sehr unzureichend begleitet. Von einer komplementären Unterstützung der kapverdischen Regierung beim Aufbau des Landes durch den Weltfriedensdienst konnte daher von Projektbeginn an kaum die Rede sein. Vielmehr waren die Kooperant*innen weitgehend auf sich selbst gestellt. Die lokale Bevölkerung dagegen sah in dem materiell gut ausgestatteten Projekt mit seinen europäischen Mitarbeitern eher eine Art vom Ausland gesteuerter "Überbürokratie", wobei der pädagogische Projektansatz des "Lernen-lernens" und das an den Bedürfnissen der Bevölkerung orientierte Engagement und die Hilfsbereitschaft der europäischen Teammitglieder sehr wohl geschätzt wurden.

Unter diesen Bedingungen stand die Projektarbeit auf Maio von Anfang an in der Spannung zwischen der Unterordnung unter die vorwiegend im ökonomisch-technischen Bereich angesiedelten Zielvorstellungen des staatlichen Projektpartners einerseits und den basisdemokratischen Grundsätzen und an den Bedürfnissen und Interessen der Bevölkerung orientierten Zielen des Weltfriedensdiensts (Self-reliance) andererseits. Gleichwohl konnten während der insgesamt sechzehnjährigen Laufzeit des Projektes durchaus beachtliche Verbesserungen der Lebensverhältnisse auf Maio erreicht werden. Unter dem konzeptionellen Dach eines integrierten ländlichen Entwicklungsprojektes wurden in der ersten Projektphase (PIM I, 1978-1981) insbesondere Infrastrukturmaßnahmen zur Wasserversorgung und Erosionskontrolle, Förderung der Landwirtschaft und Fischerei, Verbesserung der Gesundheitsversorgung sowie Initiativen zur Erwachsenenbildung, Frauenarbeit und des Sozialwesens begonnen. In der zweiten Projektphase (PIM II, 1981-1984) wurden diese Aktivitäten fortgeführt und durch die Förderung von Produktionseinheiten und den Aufbau von Genossenschaften ergänzt. In der dritten Projektphase (PIM III, 1984-1987) lag das Schwergewicht auf der Konsolidierung der aufgebauten Strukturen und der Übergabe an den kapverdischen Staat. Als Anschlussprojekt zur Sicherung der wirtschaftlichen Tragfähigkeit der in der PIM III-Phase begonnenen Genossenschaftsförderung wurden von 1987 bis 1990 ein Berater für den Kooperativenverband und eine Beraterin zur Unterstützung von Einzelgenossenschaften sowie ein Mechaniker für die Einrichtung einer KFZ-Reparaturwerkstatt nach Maio entsandt. An der abschließenden Konsolidierung der Kooperativenförderung arbeitete ein Betriebswirt für weitere 4 Jahre (1990 – 1994).

Mit der Entscheidung für eine überwiegend technische und finanzielle Unterstützung eines gerade unabhängig gewordenen afrikanischen Landes hatte der Weltfriedensdienst in seiner Projektpolitik eine konzeptionelle Wende vollzogen. Im Sinne einer Arbeitsteilung sollte der bisher verfolgte partizipative und basisdemokratische Ansatz durch die Regierungspartei PAIGC umgesetzt werden, während sich der Weltfriedensdienst auf die Verbesserung der materiellen Lebensverhältnisse auf der Insel Maio konzentrierte. Als im Verlauf der Arbeit im Projekt jedoch zunehmend deutlich wurde, dass die nationalen Kader keineswegs so verbunden mit der Bevölkerung operierten wie es die politische Rhetorik der PAIGC suggerierte, wurde die Frage nach der Beziehung zum Staat (d.h. die ideologische Orientierung an der Politik des Staates versus einer eigenständigen Projektpolitik im Interesse der Bevölkerung) zum Dauerthema im Weltfriedensdienst. Wurde zu Beginn des Projektes noch argumentiert, es könne nicht Ziel des Projektes sein, staatliche Strukturen zu ersetzen, so setzten betriebswirtschaftliche Notwendigkeiten und das Interesse an institutioneller Nachhaltigkeit der aufgebauten Strukturen im Verlauf der Projektarbeit eine Dynamik in Gang, die den Weltfriedensdienst zunehmend zur Vermittlungsagentur zwischen staatlicher Politik und Administration einerseits und der Bevölkerung andererseits werden ließ. Die sich verfestigenden Projektabhängigkeiten der Bevölkerung von dem Projekt aufgrund der Verfügung von Knowhow, Macht und Geld durch die Kooperant*innen wurden als unvermeidlich wahr-

und hingenommen. Die zu Projektbeginn vorherrschenden basisdemokratisch orientierten Grasswurzel-Hoffnungen waren ebenso wie das Vertrauen in die Realisierbarkeit sozialistischer Gesellschaftsutopien einer wachsenden Rat- und Perspektivlosigkeit gewichen, die sich im Laufe der 1980er Jahre auch in den bundesdeutschen sozialen Bewegungen ausgebreitet hatte.

Guinea-Bissau – Regionalentwicklung Boé

Nach dem ersten Besuch des Geschäftsführers Peter Sohr in den befreiten Gebieten im Süden von Guinea-Bissau im Jahre 1974 waren die zu guineischen Politikern angebahnten Kontakte aufgrund politischer Komplikationen (fehlendes Hilfsabkommen mit der BRD wegen der sog Berlin-Klausel, interne Konflikte in der PAIGC) zunächst nicht weiter verfolgt worden. Stattdessen war das Entwicklungsprojekt auf der Insel Maio begonnen worden, bei dem diese Probleme überwunden und dementsprechend die Finanzierung durch das BMZ gesichert werden konnten. Über einen Mitarbeiter von Dienste in Übersee (DÜ), der im guineischen Planungsministerium arbeitete, kam es zu einer Anfrage an den Weltfriedensdienst, ein integriertes Entwicklungsprogramm für den Sektor (Landkreis) Boé im Südosten des Landes auszuarbeiten und durchzuführen. In dieser Region hatte der Befreiungskrieg gegen die portugiesische Kolonialregierung begonnen mit entsprechend negativen Folgen für die Zivilbevölkerung. Bedingt durch die Lage am Südrand der Sahelzone waren 85% der Region landwirtschaftlich kaum nutzbar. Die Projektregion Boé gehörte daher zu den ärmsten und kaum erschlossenen Gebieten Guinea Bissaus. Die Subsistenzproduktion auf der Basis von Reis- und Gemüseanbau bildete die häufig prekäre Grundlage des Überlebens in dem dünn besiedelten Gebiet.

Nach den zwiespältigen Erfahrungen mit dem ähnlich konzipierten Entwicklungsprojekt auf der kapverdischen Insel Maio waren die Reaktionen auf den neuen Projektvorschlag bei der Mitgliederversammlung des Weltfriedensdienstes im November 1982 entsprechend verhalten. Um die in dem Projekt auf Maio aufgetretenen Abhängigkeitsverhältnisse zu vermeiden und den Bedürfnissen der lokalen Bevölkerung besser gerecht zu werden, wurde für das neue Projekt insbesondere eine basisnahe Arbeit gefordert, die nicht mit hohem Kapitalaufwand, westlichem Technologieeinsatz und Entwicklungsverständnis überfrachtet werden dürfe. Das Ziel der Arbeit in Guinea-Bissau sollte die Selbstorganisation und die Selbstversorgung der Bevölkerung sein, wobei sich die Zusammenarbeit mit der Regierung an deren Haltung gegenüber den Selbsthilfeinitiativen der lokalen Bevölkerung orientieren müsste. Vorgesehen werden sollte ebenfalls eine eineinhalbjährige Versuchs- und Experimentierphase, nach deren Auswertung über Fortführung und Aufnahme weiterer Projektteile oder weiterführende Untersuchungen in einzelnen Bereichen entschieden werden sollte.

Im Februar 1983 wurde ein Projektabkommen zwischen der Regierung von Guinea-Bissau, dem Weltfriedensdienst und der Deutschen Welthungerhilfe als Kooperationspartner zur Durchführung des "Projecto de Apoio ao Desenvolvimento Integrado de Boé" (PADIB) geschlossen. Im Oktober 1984 reiste das erste fünfköpfige Team des Weltfriedensdiensts nach Boé aus. Als übergeordnete Ziele für das Projekt waren die Sicherung von Subsistenzwirtschaft und Ernährung, der Unterstützung des Handwerks und der Verbesserung von Transport und Vermarktung für das PADIP-Projekt vereinbart.

Während der ersten beiden Projektphasen (1984 bis 1990) wurde zunächst die Projektinfrastruktur (Wohnhäuser, Büros, Werkstatt etc.) aufgebaut. Mithilfe einheimischer Mitarbeiter, die zunehmend auch aus den Dörfern der

Region rekrutiert und ausgebildet wurden, wurde ein landwirtschaftlicher Beratungsdienst aufgebaut, mit dessen Hilfe Reisanbau, Tierproduktion, Obstbau und Honigproduktion gefördert wurde. Speziell für Frauen wurde ein Beratungsdienst für den Gartenbau entwickelt. Straßenverbesserung, Fahrradverkauf und der Verkauf von Sammel- und Transportbehältern sowie die Unterstützung der lokalen Märkte trugen zur Verbesserung der Versorgungslage bei. Gefördert wurde ebenfalls der Brunnenbau zur Verbesserung der Trinkwasserversorgung und damit auch zur Entlastung der Frauen, die traditionsgemäß für das Heranschaffen von Trinkwasser zuständig waren. Nachdem während der ersten beiden Projektphasen deutliche Erfolge in den einzelnen Programmbereichen erzielt werden konnten, lag das Schwergewicht während der dritten und vierten Phase (1994 bis 97) auf der langfristigen Sicherung der aufgebauten Strukturen durch eine schrittweise Übergabe von Verantwortlichkeiten an das einheimische Personal und eine erhöhte Beteiligung der Bevölkerung an der Organisation von Projektaktivitäten.

Wie bei dem integrierten Entwicklungsprojekt auf der Insel Maio umfasste auch das PADIB die gesamte Infrastruktur des Sektors Boé: Kommunikationsstruktur, Schulungsstätte, Transportmöglichkeiten und ausgebildete Mitarbeiter*innen. Auch in Guinea Bissau zeigten Regierung und Verwaltung wenig Interesse an einer Beteiligung der Bevölkerung an Entscheidungen, die ihre Lebensverhältnisse verbesserten. Ebenso sahen sich die Mitarbeiter*innen im PADIB einem schwerfälligen, nach eigenen Regeln handelnden Verwaltungsapparat gegenüber, der zahlreiche Aktivitäten behinderte oder sogar lahmlegte. Allerdings konnten viele Schwierigkeiten mit der Verwaltung durch den energischen guineischen Projektdirektor Roberto Quessangue ausgeräumt werden, der politisch dachte und seine Kontakte zu den zuständigen Ministerien im Interesse der Menschen in der Region zu nutzen wusste. Unter diesen Bedingungen war die an Partizipation und Mobilisierung der Bevölkerung ausgerichtete Entwicklungsstrategie zur Sicherung der Ernährungssituation und Selbstversorgung mit lokalen Mitteln insgesamt zwar durchaus erfolgreich, wurde aber immer wieder durch die strukturellen und finanziellen Defizite des Staates konterkariert. In den 2000er Jahren folgten daher die vom Weltfriedensdienst unterstützten Projekte "Yaaray Yesso" und "Bhantal Boé", die vor allem die Selbstorganisation der Bevölkerung förderten und nicht mehr von der staatlichen Verwaltung abhängig waren.

Fachkräfte für Mosambik

Nach dem Zusammenbruch des portugiesischen Kolonialregimes nach der sog, Nelkenrevolution 1974 wurden 1975 auch Mosambik und Angola im Süden Afrikas unabhängig. Im Laufe des Jahres 1977 wurde der Weltfriedensdienst von verschiedenen Seiten angefragt, ob er dringend benötigte Fachkräfte mit einem Entwicklungshelfervertrag in die frühere portugiesische Kolonie Mosambik entsenden könne. Nachdem sich der Weltfriedensdienst als einziger privater Träger des Entwicklungsdienstes entschieden hatte, in Zusammenarbeit mit einer von der PAIGC geführten Regierung ein Entwicklungsprojekt auf den Kapverdischen Inseln zu beginnen, lag es nahe, auch den Aufbau Mosambiks nach der Befreiung von der portugiesischen Kolonialherrschaft zu unterstützen.

Im Zuge der Studentenbewegung von 1968 war im westlichen Teil Deutschlands das Interesse an den Entwicklungen im südlichen Afrika deutlich gestiegen. Vor allem der seit 1969 unter Beteiligung deutscher Firmen begonnene Bau des Cabora-Bassa-Staudammes im mosambikanischen Teil des Sambesi war Gegenstand einer internationalen Protestkampagne, weil mit dem Staudamm vor allem das benachbarte südafrikanische Apartheidsystem mit Strom versorgt werden sollte. Auch das 1973 von katholischen Priestern bekannt gemachte Massaker der portugiesischen Kolonialarmee an den Bewohnern des Dorfes Wiriyamu hatte für weltweite Empörung gesorgt.

Mosambik war zeitgleich mit den Kapverdischen Inseln im Juli 1975 unabhängig geworden, nachdem mehr als zehn Jahre lang ein militärischer Befreiungskampf unter Führung der Frente de Libertação de Moçambique (Frelimo) geführt worden war. Verwaltungstechnisch wie ökonomisch war der neue Staat in einer ausgesprochen desolaten Verfassung. Portugal hatte kaum in die Erschließung des Landes und den Aufbau einer effizienten Verwaltung oder in Bildungseinrichtungen investiert. Im Zuge des Unabhängigkeitsprozesses hatten die meisten europäischen Plantagenbesitzer, Händler und Gewerbetreibende das Land verlassen und zuvor sowohl ihr Kapital abgezogen als auch die technischen Ausrüstungen weitgehend zerstört. Die verbliebenen Anlagen waren technisch veraltet; ausgebildete afrikanische Fachkräfte gab es praktisch nicht. Hinzu kam, dass unmittelbar nach der Unabhängigkeit zwischen der Frelimo und der - von den weißen Minderheitenregimen in Rhodesien und Südafrika unterstützten - Resistência Nacional Moçambicana (RENAMO) ein Bürgerkrieg begann, in dessen Verlauf die ohnehin schwach entwickelte Infrastruktur des Landes und die industriellen Produktionseinrichtungen weiter zerstört wurden.

Die Entsendung von Fachkräften nach Mosambik mit einem Entwicklungshelfervertrag und der Finanzierung durch das BMZ war jedoch zunächst nicht möglich, da es mit der Regierung von Mosambik kein entsprechendes Abkommen gab. So wurde 1977 ein "Koordinierungskreis Mosambik" gegründet, der den Aufbau eines Fachkräfteprogramms für Mosambik unterstützen und dafür Spenden sammeln sollte. Der evangelische Kirchliche Entwicklungsdienst (KED) finanzierte eine beim Weltfriedensdienst angegliederte Stelle zur Koordinierung des Programms, die im September 1978 mit Klaus Ebeling besetzt wurde. Eine erste Fachkraft konnte im September 1980 auf Spendenbasis nach Mosambik entsandt werden. Nachdem die Entsendung und Finanzierung mit Entwicklungshelferverträgen durch das BMZ möglich geworden war, folgten im Laufe des Jahres 1981 drei weitere Fachkräfte, die für verschiedene Projekte in den Grünzonen Maputos und in der Niassa-Provinz eingesetzt wurden.

Die Vereinbarung zwischen dem Weltfriedensdienst und der mosambikanischen Regierung sah vor, Fachleute vor allem im technischen und medizinischen Bereich in bestehende Strukturen und zur Deckung aktuell bestehender Defizite zu entsenden, wobei die Entscheidung über deren Einsatz bei der mosambikanischen Regierung liegen sollte. Es zeigte sich jedoch bald, dass die Regierungskader nur unzureichend mit den jeweiligen lokalen Verhältnissen vertraut waren. So waren kurz nach der Unabhängigkeit Mosambiks in der Provinz Tete zahlreiche Kooperativen als bäuerliche Selbsthilfeinitiativen entstanden, die von den Regierungskadern weder ernst genommen noch unterstützt wurden. Der Basisorientierung des Weltfriedensdiensts entsprechend konzentrierte sich die Arbeit der Kooperant*innen jedoch insbesondere ab 1983 auf die technische und organisatorische Beratung und Unterstützung von Bauerngruppen sowie der entstandenen Kooperativenvereinigungen. Der Schwerpunkt der Unterstützung dieser Gruppen lag bei der landwirtschaftlichen Produktion und den dazugehörenden Bewässerungsprojekten für die Selbstversorgung und den Verkauf auf den lokalen Märkten. Da die Mehrzahl der Kooperativenmitglieder Frauen waren, unternahm der Weltfriedensdienst den Versuch, mit einem speziellen Programm Methoden zu entwickeln und anzuwenden, die besonders der Ausgangssituation und den Bedürfnissen der Frauen gerecht werden sollte.

Nach der Beendigung des Bürgerkrieges zwischen der Regierungspartei Frelimo und der von Südafrika unterstützten Rebellengruppe RENAMO im Jahr 1992 stabilisierten sich die Verhältnisse im Land. Zur Beseitigung der Kriegsfolgen entstanden zahlreiche Selbsthilfe-Initiativen. In der Tete-Provinz, in der der Weltfriedensdienst seit 1983 Bauerngruppen unterstützt hatte, bildete sich die Gruppe COBAREMA (Community Based Ressource Management), die sich in den umliegenden Dörfern für Ressourcenschutz und Erosionskontrolle der während der Kriegsjahre vernachlässigten Anbauflächen an den Ufern des Sambesi-Flusses einsetzte. Ein angegliedertes Kleinkreditprogramm förderte die Entwicklung von alternativen Einkommensquellen zur Landwirtschaft, um die natürliche Tragfähigkeit von Wald und Ackerland zur erhalten. Zwei Kooperant*innen des Weltfriedensdiensts unterstützten diese Initiative von 2003 bis 2005 durch fachliche Beratung beim Ressourcenschutz und dem Kreditprogramm von COBAREMA.

Ein weiteres Projekt zur Bearbeitung der Kriegsfolgen, das der Weltfriedensdienst fachlich begleitete, war Pro Paz (Für den Frieden), das von ehemaligen Militärs der kriegsführenden Seiten FRELIMO und RENAMO zur zivilen Reintegration von Bürgerkriegskämpfer*innen gegründet worden war. Von 2004 bis 2007 unterstützte eine Friedensfachkraft des Weltfriedensdiensts im Rahmen des Programms des "Zivilen Friedensdienstes" die Partnerorganisation Pro Paz durch die Entwicklung von didaktischem Material, die Begleitung von Trainings in gewaltfreier Konfliktbearbeitung und Organisationsmanagement sowie durch die Beratung von Mediationsgruppen in den Dörfern oder Stadtvierteln.

Projektpolitik 4: Zurück zur Basis

Die Erfahrungen mit der ersten Projektgeneration in den 1970er Jahren hatten im Weltfriedensdient zu einer Projektpolitik der Erprobung und Dokumentation von Modellprojekten der Gemeinwesenarbeit in Entwicklungsländern geführt und zu dem Selbstverständnis als "Fachdienst für Gemeinwesenarbeit". Gleichzeitig hatten aber gerade die Erfolge der Arbeit insbesondere in dem Projekt an der Elfenbeinküste das Problem der langfristigen Verselbständigung der Projektarbeit aufgeworfen. Die Lösung des Problems der institutionellen Nachhaltigkeit war in der Zusammenarbeit mit progressiven afrikanischen Staaten zur Unterstützung von basisdemokratisch und partizipativ ausgerichteten Programmen gesucht worden. Im Verlauf der Arbeit erwiesen sich jedoch auch hier die unzureichende Planungssicherheit und Schwerfälligkeit der staatlichen Administrationen als wiederkehrende Schwierigkeiten. Auch ging das Interesse der politisch Verantwortlichen an einer relevanten Selbstorganisation und Partizipation von Bauerngruppen selten über allgemeine Bekundungen hinaus. Sowohl die erhofften partizipativen Effekte als auch die langfristige Nachhaltigkeit dieser Programme blieben deutlich hinter den ursprünglichen Erwartungen zurück.

Aber auch in Kooperationsprojekten mit den "Befreiungsbewegungen an der Macht" stellte sich sehr bald heraus, dass die staatlichen Interessen und deren Umsetzung trotz sozialistischer Partei-Rhetorik nur selten mit den Interessen und Bedürfnissen der Bevölkerung übereinstimmten. Unter diesen Bedingungen befanden sich der Weltfriedensdienst und das Kooperanten-Team im Verlauf des Projektes häufig in der Rolle eines Anwalts der Bevölkerung gegenüber der Regierung. So wurde auch der "sozialistische Staat" zu einem Dauerproblem in den Konzeptionsdebatten des Weltfriedensdiensts. Dabei wurde aus zwei Perspektiven argumentiert: während sich die eine Gruppe an den

Grundbedürfnissen der lokalen Bevölkerung orientierte und
für eine partizipatorisch ausgerichtete Projektpolitik im
Sinne des bisher verfolgten CD-Ansatzes eintrat, argumen-
tierte die andere aus einer sozialistisch-makroökonomi-
schen Perspektive für die Förderung der politischen und
wirtschaftlichen Unabhängigkeit der neuen Staaten als Leitidee für die Projektarbeit. In der Praxis jedoch entwickelte
sich gewissermaßen unter der Hand eine paradoxe Komple-
mentarität beider Positionen: während die internationalis-
tisch-sozialistische Position die Grundsatzdiskussionen
innerhalb des Vereins und die öffentliche Darstellung des
Weltfriedensdiensts dominierte, orientierte sich die tatsächliche Projektarbeit an der Selbstorganisation der ländlichen
Bevölkerung zur Überwindung von Schwierigkeiten bei der
Befriedigung der Grundbedürfnisse im Projektgebiet. In der
Konsequenz übernahm der Weltfriedensdienst mit seinen
integrierten ländlichen Entwicklungsprojekten im Laufe der
Zeit weitgehend die Aufgaben der staatlichen Verwaltung.
Faktisch hatte sich in allen Projekten des Weltfriedens-
diensts die Orientierung an einer basisorientierten Partizipa-
tionsförderung und dem Prinzip der "Hilfe zur Selbsthilfe"
als durchgängiger und unstrittiger Grundkonsens erwiesen.

Im Ergebnis dieser Diskussionen wurde die Zusammenarbeit mit existierenden Basisorganisationen im ländlichen
Bereich die projektpolitische Leitidee in den 1980er Jahren.
Bereits 1977 war im Protokoll der Mitgliederversammlung
festgehalten worden:

Die Partner sollten solche sein, die bereits bewiesen haben, dass
sie in laufenden Projekten über ausreichende Durchsetzungskraft
verfügen, zumindest ansatzweise, so dass positive Ergebnisse ein-
schätz- und absehbar sind. Die Intervention des WFD ist als eine
prinzipiell nur komplementäre anzusehen. WFD darf Ansätze zur
self-reliance nicht wieder zudecken.
… es geht nicht mehr darum, uns als Spezialorganisationen für
CD mit besonderem methodischen Ansatz zu begreifen – wir müssen uns stärker noch vom Ziel als vom methodischen Instrumen-
tarium bestimmen lassen. … Wir haben schließlich festgestellt,
dass auch die Arbeit mit punktuellen und lokal tätigen kleinen

Gruppen und Aktionen sinnvoll sein kann, wenn deren Tätigkeit hauptsächlich den richtigen Bevölkerungsteilen zugutekommt.

MV-Protokoll Juni 1977

Dabei zeigte die Erfahrung, dass dies nur dann nachhaltig gelang, wenn an lokale Erfahrungen sowie an entsprechende Bedürfnisse und Interessen angeknüpft werden konnte. Dies war besonders dort der Fall, wo sich – wie in der Casamance (AJAC) und bei Genossenschaften in Mosambik – bäuerliche Organisationen autonom gebildet hatten. Als Resümee der bisher gemachten Erfahrungen und Grundsatzdiskussionen wurde bei dem Strategieseminar im Mai 1980 als langfristige Perspektive für die Arbeit des Weltfriedensdiensts formuliert:

"Für weitere Arbeitsmöglichkeiten ist es entscheidend, daß wir zusammen mit einheimischen Partnern an der Basis arbeiten können. Nur so ergeben sich sinnvolle Bereiche, in denen der WFD seine Erfahrungen und Qualifikationen einbringen kann. Dabei muß die Kontinuität durch den einheimischen Projektpartner gewährleistet sein.

Der WFD kann und soll nicht selbst Gruppierungen an der Basis initiieren. Diese können aus eigenen Kräften und eigenem Bewußtsein heraus entstehen. Aufgabe des WFD kann dann die Unterstützung dieser Gruppen sein, auch durch die Herstellung von Kontakten zwischen verschiedenen derartigen Gruppen in verschiedenen Ländern."

Auch die entwicklungspolitische Diskussionslage hatte sich seit Ende der 1970er Jahre deutlich verändert. Kritik an Risikotechnologien und wachsendes Umweltbewusstsein auch im Agrarbereich hatten Fragen der weltweiten Ernährungssicherung und der ökologischen Folgen von intensiver Landwirtschaft (z.B. der "Grünen Revolution") sowie Umweltzerstörung neu zur Debatte gestellt. Zu gleicher Zeit hatte die neu in Gang gesetzte atomare Rüstungsspirale in beiden Teilen Deutschlands die Bildung einer breit aufgestellten Friedensbewegung zur Folge. All diese Entwicklungen führten innerhalb des Weltfriedensdiensts einerseits zu

67

einer Entideologisierung der Diskussion über Projektstrategien und mögliche Projektpartner, andererseits aber auch zu einem sinkenden Interesse an entwicklungspolitischen Fragen und damit auch an einer ehrenamtlichen Mitarbeit im Verein.

Die projektpolitische Neuausrichtung auf die Kooperation mit bestehenden NGOs hatte auch Auswirkungen auf die Arbeitsweise des Weltfriedensdiensts. Waren in den bisherigen Projekten die Entsendung von Entwicklungshelfer-Teams die Regel gewesen, so wurden nun einzelne Fachkräfte entsprechend dem Bedarf und der Größe der lokalen Partnerorganisationen entsandt. Bei der Suche nach geeigneten Nicht-Regierungsorganisationen kamen wichtige Hinweise und Empfehlungen zu möglichen Projektpartnern insbesondere von der Schwesterorganisation Aktionsgemeinschaft Solidarische Welt (ASW), die u.a. in Südafrika gute Kontakte zu regierungskritischen Personen und NROs unterhielt, und von Mitarbeiter*innen des halbstaatlichen Deutschen Entwicklungsdienstes (DED) zu denen seit längerem gute Beziehungen bestanden. Arbeitsschwerpunkt wurde nun das südliche Afrika.

> Die feststellbare Abnahme von freiwilliger Mitarbeit in den Gremien (z.B. Beiräte) des WFD wurde mit dem allgemeinen Rückzug aus der 3. Welt Arbeit erklärt, weil sich viele Leute drängenden innerpolitischen Problemen zuwenden. Der WFD muß, obwohl es viel Zeit kostet, sich mit den neuen Initiativen (z.B. Friedensbewegung) auseinandersetzen. Welche Angebote WFD an Leute machen kann, die sich für die 3. Welt interessieren und welche Ansprechpartner zur Aktivierung von Gruppen in der BRD für Öffentlichkeitsarbeit gefunden werden können, wird zur Zeit in Berlin im Rahmen der AG Beiräte und der AG ÖA diskutiert.
>
> Vorstandsbericht MV 81

Arbeitsschwerpunkt südliches Afrika

Nach der Gründung des Koordinierungskreises Mosambik (1977) wurde im Weltfriedensdienst die Frage intensiv und kontrovers diskutiert, auf welche Weise der Kampf gegen die noch existierenden rassistischen Regime in Rhodesien (Simbabwe) und in der Republik Südafrika unterstützt werden könnte. Streitpunkte waren dabei vor allem die Gewaltfrage und das Verhältnis zu den politisch unterschiedlichen afrikanischen Organisationen. Für das Selbstverständnis als Friedensdienst war es von zentraler Bedeutung, ob die Anwendung militärischer Gewalt als legitimes Mittel im Kampf für die Befreiung von unterdrückerischen Herrschaftsverhältnissen akzeptiert und unterstützt werden kann. Von gleicher Relevanz war die Antwort auf die Frage, ob die Zusammenarbeit mit einer politischen Gruppierung die Kooperation mit anderen ausschließen darf bzw. wie mit Akteuren unterschiedlicher politischer Orientierung umgegangen werden kann (in diesem Fall mit dem African National Congress/ ANC oder dem Pan African Congress/PAC). Trotz heftiger Differenzen bei den Diskussionen dieser Fragen setzte sich schließlich als Kompromiss die Suche nach Möglichkeiten für die Unterstützung politischer Flüchtlinge aus Simbabwe und Südafrika durch. So beschloss die Mitgliederversammlung bereits im Mai 1978 die Planung einer Projektfindungsreise nach Flüchtlingsprojekten in das südliche Afrika. Durchgeführt werden sollten die Projekte in Zusammenarbeit mit der Aktionsgemeinschaft Solidarische Welt (ASW), die bereits apartheidskritische Gruppen in Südafrika finanziell förderte. Da es sich bei den Flüchtlingen überwiegend um politische Flüchtlinge und um Befreiungskämpfer handelte, die in Nachbarländern Zuflucht gefunden hatten bzw. von dort operierten, wurde Einigkeit darüber erzielt, dass politischen Flüchtlinge aus rassistischen Regimen Südafrika und Rhodesien/Simbabwe zu einer Ausbildung zu verhelfen sei, die sie nach der Befreiung ihrer Herkunftsländer zu deren Aufbau einsetzen konnten. Nach einer längeren Vorbereitungsphase reisten schließlich Helmut Orbon (Geschäftsstellenmitarbeiter) für den Weltfriedensdienst und Gerd Hönscheid (Geschäftsführer ASW) im Herbst 1979 in das südliche Afrika. Bevor allerdings die während der Reise geknüpften Kontakte zu konkreten Kooperationen in Flüchtlingslagern weiter entwickelt werden konnten, kam es im Dezember 1979 zu einer Friedensregelung in Simbabwe, die den Befreiungskampf beendete und den Flüchtlingen und Kämpfern die Rückkehr ermöglichte. Die Bereitschaft zur finanziellen Unterstützung der Flüchtlingsarbeit im Südlichen Afrika war unter den entwicklungspolitisch engagierten Gruppen und Personen erheblich. Ein Spendenaufruf von Weltfriedensdienst und der Aktionsgemeinschaft Solidarische Welt erbrachte allein im Jahr 1980 die beachtliche Summe von DM 130.000,- (ca. € 66.500,-). Auf diese Weise konnten ein Stipendienprogramm der ASW für schwarze Südafrikaner sowie weitere Kleinprojekte in den Nachbarländern finanziert werden. Unterstützt wurden im wesentlichen Vorhaben der Befreiungsbewegungen.

Die überraschend schnelle Verhandlungslösung für einen Machtwechsel in Simbabwe Ende 1979 entzog der Idee der Unterstützung von Flüchtlingsprojekten für Simbabwe insofern den Boden, als nun auch Entwicklungsprojekte in Simbabwe selbst möglich wurden. 1984 begann das Kooperationsprojekt mit der Mukute Farm Society, dem weitere Projekte der Zusammenarbeit mit ländlichen Basisprojekten folgten. Auch in der Republik Südafrika entwickelten sich Anfang der 1980er Jahre neue Kontakte und Perspektiven für eine Zusammenarbeit mit Initiativen in den Wohngebieten der unterdrückten schwarzen Mehrheitsbevölkerung im Land. Einschließlich der Arbeit in Mosambik war der Weltfriedensdienst damit in drei Ländern des südlichen Afrika präsent.

Genossenschaften in Simbabwe

In Simbabwe wurde nach einem zehnjährigen Befreiungskampf mit dem Lancaster-House-Abkommen vom Dezember 1979 die weiße Vorherrschaft beendet und der Übergang
zu einem demokratische verfassten Staat beschlossen. Aus
den ersten Parlamentswahlen für die neue Republik Simbabwe im Februar 1980 ging die ZANU (Zimbabwe African
National Union) mit ihrem Präsidenten Robert Mugabe als
Sieger hervor, der sich als Premierminister mit einer Politik
der Versöhnung zwischen Schwarzen und Weißen schnell
internationales Ansehen erwarb. Offizielle Leitlinie für die
ländliche Entwicklungspolitik der neuen Regierung wurde
die Genossenschaftsförderung als Teil der sozialistischen
Umgestaltung der Gesellschaft. Auf dieser Basis bemühte
sich der Weltfriedensdienst um Kooperationspartner, die
jedoch nicht unmittelbar von der Regierung abhängig sein
sollten.

Das Weya Community Training Centre –WCTC

Über persönliche Kontakte im Weltfriedensdienst kam es
1981 zu Verhandlungen mit der Mukute Farm Society
(MFS) über eine Zusammenarbeit beim Aufbau eines beruflichen Ausbildungszentrums in Weya (Weya Community
Training Centre – WCTC) im Gebiet des Weya Communal
Land (Gemeindeland ohne Privatbesitz) in der Provinz Ma-
nica. Die Bevölkerung von Weya und den umliegenden
Dörfern lebte von Subsistenzwirtschaft auf kargen Böden
und von den Einkünften aus Wanderarbeit der Männer.

Die Mukute Farm Society (MFS) war 1971 von dem
ZANU-Aktivisten Amon Shonge und seiner Frau Elizabeth
gegründete worden mit dem Ziel, auf der Basis einer
genossenschaftlichen Organisation und besserer Anbaume-
thoden die Lebensverhältnisse der Menschen in dieser
Region zu verbessern. Das geplante Ausbildungszentrum

sollte Männern und Frauen eine berufliche und produktionsorientierte Ausbildung vermitteln und durch die Unterstützung beim Aufbau von Werkstätten, Betrieben und Selbsthilfeaktivitäten die lokale Selbstversorgung und den Erwerb von Einkommen weiter erhöhen. Auch wenn sich die ursprünglichen Planungen von Amon Shonge und der Mukute Farm Society nach einer Vorprüfung als wenig realistisch erwiesen, erfüllte das Projekt dennoch alle für den Weltfriedensdienst relevanten Kriterien: eine regierungsunabhängige Selbsthilfe-Initiative mit lokaler Verankerung, benachteiligte Zielgruppen, genossenschaftliche Orientierung und politische Unterstützung im Land.

> Wir möchten gerne die Bewohner der ‚Stammesgebiete' ausbilden, damit sie in der Lage sind, hier in ihrer Heimat zu arbeiten und zur Arbeit anleiten können. Wir meinen, die Menschen sollten das weiterentwickeln, was sie bereits haben: Erweiterung des Wissens über ihr tägliches, einfaches Leben und dazu Werkzeuge und Mittel verwenden, die für sie erreichbar sind (…). Die stetige Verbesserung des ländlichen Lebens sollte diesen Zug der Menschen in die Städte umkehren. (…) Wir möchten auch den Frauen helfen, indem wir Unterricht in Kindererziehung, -ernährung, Hygiene, Gemüsegärten und Geflügelzucht anbieten, so daß die Gesundheit verbessert wird"
> (MFS 1980).

Nach einer anfänglichen Finanzierungshilfe für Ausbildungskurse in Nähen und Tischlern begann der Weltfriedensdienst ab 1984 eine längerfristige Kooperation mit dem Weya Community Training Centre (WCTC) für die Bereiche berufliche Bildung, Aufbau von Werkstätten und Betrieben und Förderung von Selbsthilfeaktivitäten. Dazu entsandte er Fachkräfte für den handwerklichen Unterricht und für Verwaltungsaufgaben, die in Simbabwe nicht verfügbar waren. In der ersten Projektphase von 1984 bis 1987 durchliefen 78 Auszubildende halb- bis ganzjährige Grundkurse in verschiedenen handwerklichen Ausbildungsgängen, von denen die Hälfte anschließend an halb- bis ganzjährigen Aufbaukursen teilnahm. Ab 1988 wurden die Ausbildungszeiten auf jeweils ein Jahr verlängert. Als besonders erfolgreich für Frauen erwiesen sich die ab 1987 angebotenen Kurse zur Herstellung von lokalem Kunsthandwerk, das sehr erfolgreich vermarktet werden konnte. Unter der Bezeichnung "Weya Art and Crafts" wurde die Produktion und Vermarktung von Kunsthandwerk zu einem eigenen Projekt, das bis heute existiert. Im landwirtschaftlichen Bereich wurden zunächst wöchentliche Kurse unter der Leitung von Amon Shonge angeboten, nach dessen Unfalltod Anfang 1986 durch den staatlichen Beratungsdienst AGRITEX.

Obwohl die von dem WCTC angebotenen beruflichen Ausbildungskurse zumindest in den Anfangsjahren auf großes Interesse bei der Bevölkerung in der Region stießen, wurde eine selbsttragende Entwicklung sowohl im Zentrum selbst als auch bei den Ausgebildeten weitgehend verfehlt. Die Gründe dafür waren vielfältig. Vor allem die Trägerschaft und die operative Leitung des WCTC stellten sich während der gesamten Projektlaufzeit als Dauerprobleme heraus. Zum einen waren die finanziellen, personellen und organisatorischen Voraussetzungen unzureichend, unter denen das Zentrum arbeitete. Zum anderen führte die Abkoppelung des WCTC von der Mukute Farm Society zu anhaltenden Konflikten und Konkurrenzen statt zu einer gegenseitigen Ergänzung. Während der anfängliche Erfolg und das dementsprechende Wachstum des WCTC einen Kreislauf von Überförderung und Überforderung in Gang setzte, verzettelte sich die MFS mit Unterstützung von zahlreichen internationalen Solidaritätsgruppen und Hilfsorganisationen in ebenso zahlreichen wie schlecht vorbereiteten und lokal unangepassten Aktivitäten. Das ursprünglich angestrebte Ziel einer selbsttragenden Entwicklung und Verbesserung der Lebensverhältnisse in der Region konnte daher nur sehr ansatzweise verwirklicht werden. Als es im

Zusammenhang mit der von der simbabwischen Regierung im Jahr 2000 chaotisch durchgeführten Landreform erneut zu massiven Konflikten zwischen der Führung des WCTC und der Gemeinde sowie der Familie Shonge kam, wurde das WCTC besetzt und in der Folge ausgeschlachtet und zerstört. Zuvor hatte der Weltfriedensdienst schon seine Förderung des Projekts endgültig eingestellt.

Das tragische Ende des Projekts verhalf dem Weltfriedensdienst zu der bleibenden Einsicht, dass ein Entwicklungsprojekt ohne einen lokalen Partner, der nicht die Kompetenz zur Entwicklung realistischer Projektziele und zu deren Umsetzung besitzt, von externer Förderung und externem Sachverstand abhängig bleibt und damit langfristig zum Scheitern verurteilt ist. Erfolgreich und nachhaltig sind dagegen Initiativen, die nach einer Anfangsförderung von den Teilnehmer*innen selbst organisiert wurden. So blieb die Produktion und Vermarktung von Kunsthandwerk durch die Frauen in deren Eigenregie und wird auf dieser Basis bis in die Gegenwart fortgeführt. Auch die berufliche Ausbildung, die das WCTC vermittelte, wurde von den Absolventen der Kurse individuell genutzt und trug damit zur Verbesserung ihrer Einkommensverhältnisse und Lebensumstände bei.

Cold Comfort Farm Trust (CCFT)

Einen ähnlichen Verlauf wie die Zusammenarbeit mit dem Weya Community Training Centre (WCTC) nahm auch die Kooperation mit dem Cold Comfort Farm Trust, den der Weltfriedensdienst zwischen September 1991 und Dezember 1994 finanziell und personell unterstützte. Ähnlich wie die Mukute Farm Society ging auch die Cold Comfort Farm im Westen der Hauptstadt Salisbury (Harare) auf eine lange vor der Unabhängigkeit begonnene Genossenschafts-Initiative zur Verbesserung der Lebensverhältnisse im ländlichen Raum zurück.

Bereits 1965 hatte der britische Sozialaktivist Guy Clutton-Brock mit einer Gruppe weißer und schwarzer Aktivisten die Cold Comfort Farm Society als landwirtschaftliche Genossenschaft mit 25 schwarzen und 15 weißen Mitgliedern gegründet. 1971 ließ die rhodesische Siedlerregierung jedoch die Farm aus politischen Gründen schließen und versteigern. Zahlreiche Mitglieder wurden inhaftiert und Glutton-Brock ausgewiesen.

Viele der früheren Mitglieder der Kooperative beteiligten sich als Unterstützer der ZANU am Befreiungskampf und bekleideten nach der Unabhängigkeit 1980 hohe Ämter in der Partei und Regierung des neuen Staates Simbabwe. Vor allem durch ihre Initiative wurde die Förderung von Genossenschaften zur offiziellen Leitlinie der ländlichen Entwicklungspolitik in Simbabwe. Wie die postkolonialen Regierungen auf den kapverdischen Inseln und in Mosambik verfolgte auch die neue Regierung Simbabwes eine Entwicklungspolitik nach sowjetischem Vorbild mit modern ausgestatteten Großprojekten. Es lag daher nahe, die Cold Comfort Farm neu aufzubauen und mit ihr den Nachweis zu erbringen, dass im Rahmen einer landwirtschaftlichen und handwerklichen Kooperative auch eine moderne Großfarm effizient bewirtschaftet werden konnte. Der Anfang des Projektes war vielversprechend. Bis Mitte der 1980er Jahre konnte die Genossenschaft mit ihren Teilbereichen Landwirtschaft, Weberei, Schreinerei und Metallwerkstatt produktiv arbeiten und sich wirtschaftlich konsolidieren.

1987 wurde die Cold Comfort Farm in einen neu gegründe-ten Trust (Cold Comfort Farm Trust - CCFT) integriert und die Aktivitäten des Projekts wurden deutlich ausgeweitet. Der Trust machte es sich zur Aufgabe, als rechtlich und finanziell eigenständiger Beratungsdienst Genossenschaf-ten und ländliche Entwicklung in den Communal Lands Simbabwes zu fördern. Durch das dem Trust angegliederte Zimbabwe Institute for Southern Africa (ZISA) förderte er im Geiste der ursprünglichen Cold Comfort Farm auch den Dialog zwischen weißen und schwarzen Südafrikanern. Als Ergebnis der engen Kontakte zu dem WFD-Mitarbeiter Helmut Orbon, der 1988 von der WFD-Geschäftsstelle zum CCFT wechselte, übernahm der Trust auch die Schirmherrschaft über das Weya Community Training Centre (WCTC). Ab September 1991 unterstützte der Weltfriedensdienst den CCFT durch die Entsendung von 2 Kooperant*innen in das WCTC sowie von 1 Kooperanten in den Trust für die Bereiche Buchhaltung und Verwaltung sowie durch die Weiterleitung von erheblichen Finanzmitteln. Nach den ernüchternden Erfahrungen mit dem Projekt auf der kapverdischen Insel Mayo betrachtete der WFD jedoch von Anfang an die Tendenz des Trusts, auf der Basis einer hochtechnisierten und chemisierten Landwirtschaft und dem ökologisch fragwürdigen Export von Luxusartikeln wie Rosen zu wirtschaften. Allerdings konnten sich die WFD-Kooperant*innen daraus nicht gänzlich fernhalten. Dennoch wurden durch ihren Einsatz Managementkapazitäten ausgebaut und Beratungs- und Ausbildungsaktivitäten durchgeführt.

Auf Ganze gesehen konnte die geplante wirtschaftliche Selbstständigkeit der geförderten Genossenschaften und Gruppen jedoch nur sehr selten erreicht werden. Wie auch beim Weya Community Training Centre lag dies zum einen an gravierenden Managementfehlern und Konflikten innerhalb der Projektleitung, zum anderen an einer dramatischen Verschlechterung der wirtschaftlichen Rahmenbedingungen im Laufe der 1990er Jahren dramatisch. Auch verlor das Genossenschaftskonzept in den 1990ern international und national an politischer Unter-stützung. Der CCFT konnte daher nicht wesentlich zur Konsolidierung der von ihm geförderten Großkooperativen beitragen; keine überlebte das Ende der Dekade. Nach einem Eigentumsrechtsstreit Ende 1998 wurde die Cold Comfort Farm abgewickelt, in reguläre Wohnbaugrundstücke aufgeteilt und verkauft. Das frühere Farmland wurde zu einem regulären Wohngebiet am westlichen Stadtrand Harares. Der Trust endete aufgrund von dubiosen Geldgeschäften mit der Aufnahme in die Liste der simbabwischen Unternehmen und Organisationen, gegen die internationale Sanktionen verhängt wurden.

Auch in diesem Projekt zeigte sich, dass eine Genossenschaftsförderung nicht durch kommerzielle Projekte finanziert werden konnte und Management- und Finanzierungsprobleme von Genossenschaften durch Beratung und Investitionen nicht von außen adäquat und nachhaltig zu lösen waren. Ebenso zeigte sich erneut, dass ohne eine solide Verankerung in der Zielgruppe kaum nachhaltige Wirkungen, d.h. solche ohne eine dauerhafte externe personelle und finanzielle Förderung, zu erzielen sind.

Grow More Trees Furniture Cooperative (GMT)

Mit der finanziellen und personellen Unterstützung der Möbelkooperative Grow More Trees (GMT) begann der Weltfriedensdienst 1990 ein weiteres Projekt der handwerklichen Ausbildung in Simbabwe. Im Zuge der Neuordnung des kolonialen Bildungssystems nach der Unabhängigkeit hatte die 1981 gegründete Zimbabwe Foundation for Education with Production (ZIMFEP) das berufsorientierte Ausbildungskonzept "Education with Production" entwickelt. 1986 gründete ZIMFEP nahe der Kleinstadt Chegutu in der Mashona-Provinz das Mupfure Selfhelp College, in dem produktionsorientierte Ausbildungskurse angeboten wurden. Für die Absolventen dieser Kurse unterstützte ZIMFEP die Gründung von Kleinbetrieben und Genossenschaften durch ein umfassendes Beratungs- und Förderprogramm. Nach Abschluss ihrer Ausbildung in Tischlerei und Möbelproduktion entschlossen sich sechs Teilnehmer zur Gründung der Möbelkooperative Grow More Trees (GMT). Auf der Basis einer Machbarkeitsstudie wurde die Herstellung von hochwertigem Tischlerwerkzeug (z.B. Hobel) geplant als Form der Importsubstitution einerseits und der Beschäftigungsförderung im Bereich Holzbearbeitung andererseits.

Über die Vermittlung durch einen privaten Kontakt stellten ZIMFEP und GMT einen Projektantrag beim Weltfriedensdienst, der 1989 von der Mitgliederversammlung befürwortet wurde. Als Projektziel wurde vereinbart, die GMT-Genossenschaft durch die Produktion von hochwertigem und zugleich preisgünstigem Tischlerwerkzeug zu einem wirtschaftlich erfolgreichen Betrieb zu entwickeln, der insbesondere den am College ausgebildeten Kriegsveteranen eine Beschäftigungsmöglichkeit bieten und damit einen Beitrag zu deren Reintegration leisten konnte. Zuständig für die Verwaltung der Projektmittel und die Berichterstattung war ZIMFEP.

1991 entsandte der Weltfriedensdienst eine Kooperantin, die die für die Produktion notwendigen handwerklichen Kenntnisse vermitteln und die entsprechenden Maschinen und Materialien beschaffen sollte. Nach erheblichen Anfangsschwierigkeiten vor allem im operativen und Management-Bereich gelang es der Kooperantin, die Anfangsfehler beim Aufbau der Genossenschaft zu korrigieren und die erforderlichen Arbeitsabläufe und Entscheidungsprozesse in der Genossenschaft den Anforderungen entsprechend zu organisieren. Nach der erfolgreichen Sanierung der GMT wurde die Kooperantin gebeten, weitere Beratungsaufgaben bei ZIMFEP zu übernehmen, weshalb ein zweiter Kooperant für die Begleitung der GMT-Genossenschaft entsandt wurde. Die Intensität der fachlichen Beratung durch den Weltfriedensdienst führte zu einer Erhöhung und Ausweitung der Produktion sowie zur Anschaffung neuer Maschinen und den Bau einer neuen Werkhalle. Gleichzeitig wuchsen damit aber auch die

Anforderungen an die Betriebsführung und damit auch die Abhängigkeit von externer Beratung und Förderung. Im letzten Projektjahr 1996 gelang es jedoch, die Beratung in Form von Intervalleinsätzen zu organisieren.

Als sich der Weltfriedensdienst 1996 aus der Zusammenarbeit mit der ZIMFEP und GMT zurückzog, war es im Laufe dieser Kooperation durchaus gelungen, Kriegsveteranen wirtschaftlich zu integrieren und die Genossenschaft zu einem funktionierenden kommerziellen Unternehmen zu machen. Vor allem aufgrund der veränderten politischen Rahmenbedingungen in Simbabwe gegen Ende der 1990er Jahre gelang es aber nicht, den Gruppenzusammenhalt, die Managementkapazitäten und die wirtschaftliche Selbständigkeit zu erhalten. Die der Regierung Simbabwes vom Internationalen Währungsfonds (IWF) und der Weltbank aufgezwungene Politik der Strukturanpassung und Marktliberalisierung und insbesondere die überstürzt durchgeführte Landreform führten sowohl zum Niedergang des Genossenschaftswesens als auch zum Wegbrechen des Absatzmarktes für hochwertige Tischlereiarbeit und Möbelherstellung. ZIMFEP geriet ab Mitte der 1990er Jahre in eine tiefe Krise und fiel als Unterstützung der Genossenschaften aus. Damit waren auch der GMT-Genossenschaft die wirtschaftlichen und politischen Grundlagen entzogen, was zu ihrem endgültigen Scheitern führte.

Chikukwa Ecological Land Use Trust

Zur Verbesserung des Kontakts zu Partnerorganisationen und Kooperant*innen des Weltfriedensdiensts im südlichen Afrika und zur finanziellen Entlastung der Geschäftsstelle wurde im August 1992 ein "Regionalbüro Südliches Afrika" in der Hauptstadt Harare eingerichtet und mit einem Regionalkoordinator besetzt. Damit konnten neben den laufenden Projekten in Weya (WTC) und Chegutu (Tischlereigenossenschaft) auch Kleinprojekte gefördert und begleitet werden, die den neuen Kriterien der ökologischen Landwirtschaft entsprachen. Auf diese Weise wurde mit einfachen Mitteln die Effizienz der wenig ertragreichen Selbstversorgungswirtschaft in den Stammesgebieten verbessert. Finanziert wurden diese Projekte über Globalzuschüsse (block grants) der EU und durch Spendengelder, die die Förderung solcher Kleinprojekte wesentlich vereinfachten.

Aus der zunächst nur kurzfristigen Zusammenarbeit mit der Ecology Task Force auf der Basis eines EU-block grants zur Erosionsbekämpfung in den Chimanimani-Bergen entwickelte sich ein langfristiges Kooperationsprojekt, das bis heute fortgeführt wird. 1996 gründete sich der Chikukwa Ecological Land Use Trust (CELUCT) mit dem Ziel, in den 6 Dörfern der Gemeinde Chikukwa die Lebensbedingungen der Bevölkerung durch eine ökologisch nachhaltige Entwicklung zu verbessern. Dazu wurden lokale Multiplikator*innen ausgebildet, die die Bevölkerung in den Bereichen Ressourcenschutz und ökologischer Landbau beraten und sie bei der Planung, Umsetzung und Steuerung eigener Projekte unterstützen sollten. Ab 1996 wurde eine deutsche Lehrerin, die bereits an der Grundschule von Chikukwa unterrichtet hatte und gut integriert war, als Weltfriedensdienst-Kooperantin zur Verstärkung der Managementkompetenzen des Projekts eingesetzt. Im Laufe der Jahre konnte durch die Beratung und Motivierung der lokalen Bevölkerung eine ökologisch und sozial angepasste und damit nachhaltige Verbesserung der Lebensbedingungen in den verschiedensten Bereichen erzielt werden. Der außerordentliche Erfolg dieses Projektes beruhte hauptsächlich auf der Anwendung partizipativer Methoden und der Einbindung aller gesellschaftlicher Gruppen und Autoritäten, was eine tiefgehende Transformation von Verhaltensweisen und Selbstbestimmung bei der lokalen Bevölkerung (ownership) zur Folge hatte.

Nayahode Union Learning Centre (NULC)

Ebenfalls in den Chimanimani-Bergen befand sich das Nayahode Union Learning Centre (NULC), das 1985 von dem lokalen Genossenschaftsverband als Ausbildungs- und Beratungszentrum für lokale Genossenschaften gegründet worden war. Ab Mitte der 1990er Jahre sollte die Tätigkeit des Zentrums auf die gesamte Bevölkerung des Nayhode-Tals ausgeweitet und um eine Ausbildungseinheit in nachhaltiger Landwirtschaft und Ressourcenschutz erweitert werden. Dieses Vorhaben wurde in den Jahren 1998 bis 2002 durch den Weltfriedensdienst gefördert in Form einer Teilfinanzierung des Zentrums und der Beratung durch den Regionalkoordinator. Trotz teilweise erheblicher Konflikte innerhalb des Projekts und mit dem Weltfriedensdienst gelang es, die Gründung von 30 Permaculture-Clubs und deren Zusammenschluss in einem Dachverband anzuregen und zu begleiten. Ebenso gelang es, bestehende Konflikte zwischen lokalen Genossenschaften und individuellen Siedlern im Nayahode-Tal durch das Angebot von Konfliktbearbeitungsworkshops zu entschärfen.

Zivilgesellschaft in Südafrika

In der Republik Südafrika dauerte es noch bis 1989, bis die massiven Protestaktionen der schwarzen Mehrheitsbevölkerung und der ständig zunehmende internationale Druck den neu gewählten Staatspräsidenten Frederik de Klerk zu einer schrittweisen Lockerung der Apartheidpolitik zu veranlassen. Vor allem die rigide Apartheidpolitik seines

Vorgängers Pieter Willem Botha hatte die Entwicklung des zivilgesellschaftlichen Protests im Land befördert. Als 1983 ein Referendum über eine Verfassungsreform zur Festigung der weißen Vorherrschaft in Südafrika abgehalten wurde, kam es zur Gründung der United Democratic Front (UDF; "Vereinigte Demokratische Front"), einem breiten, nicht-rassegebundenen außerparlamentarischen Oppositionsbündnis aus ca. 400 Organisationen aus allen Bereichen der Gesellschaft. Im Weltfriedensdienst führten diese Entwicklungen zu Diskussion über die Möglichkeit einer Kooperation mit zivilgesellschaftlichen Gruppen innerhalb Südafrikas. Im Ergebnis beschloss die Mitgliederversammlung 1985 den Beginn der Unterstützung der UDF-nahen Initiativgruppe MICRU (Midlands Information and Research Unit) aus Pietermaritzburg/Natal, die den Aufbau und die Förderung von Organisationen zur Verbesserung der Lebensverhältnisse in den Wohngebieten (townships) der schwarzen Bevölkerung begleitete. Die Unterstützung durch den Weltfriedensdienst bestand aus der finanziellen Förderung der Arbeit von MICRU und einer begleitenden

> Die Situation der Apartheid hat einen direkten Bezug zu uns und zu unserer Projektarbeit in Afrika. Wenn wir uns gegen den Rassismus in unserer Gesellschaft wenden, insbesondere vor dem Hintergrund unserer Geschichte, können wir am Rassismus in Südafrika nicht vorbei. Auch die Motivation unserer Arbeit in Afrika, die Hoffnung, mit der Projektarbeit einen Beitrag zur Verbesserung der Lebensbedingungen der afrikanischen Bevölkerung zu leisten, birgt schon die Konsequenz, sich zugunsten der Schwarzen in Südafrika zu engagieren. Ganz unmittelbar müssen wir in Zimbabwe und Mosambik, deren eigenständige Entwicklung massiv von den Auswirkungen der weißen Minderheitsherrschaft in Südafrika beeinträchtigt wird, den Zusammenhang zwischen dem Erfolg unserer Projektarbeit in diesen Ländern und der Aufrechterhaltung des Apartheidsystems erkennen. Ein Projektengagement in Zimbabwe und Mosambik ohne gleichzeitiges Engagement zugunsten der Schwarzen in Südafrika ist kaum vorstellbar.
>
> Vorlage zur MV 1985

Öffentlichkeitsarbeit in Deutschland. Getragen wurde diese Arbeit hauptsächlich von einem Südafrika-Beirat von ca.15 Personen, der sich Ende 1985 gegründet hatte. Die politischen Entwicklungen im Apartheidsystem Südafrika und die Arbeit der schwarzen Bürgerrechtsgruppen in Pietermaritzburg waren ab 1986 regelmäßige Themen in der Öffentlichkeitsarbeit des Weltfriedensdiensts, ebenso die Aktionen gegen das repressive Apartheitsregime und seine Unterstützer in der deutschen Wirtschaft und Politik. Dazu gehörten regelmäßige Mahnwachen vor Niederlassungen der Deutschen Bank und anderer mit Südafrika verbundenen Geldinstitute, Protestaktionen gegen die Beteiligung Südafrikas an der Internationalen Tourismusbörse, Informationsstände auf Kirchentagen und Informationsreisen mit Gästen aus Südafrika durch Deutschland.

Im Raum Pietermaritzburg kam es zunehmend zu gewaltsamen Auseinandersetzungen zwischen den konkurrierenden politischen Gruppen und der Regierung, was die Arbeit der civics einerseits mit dem African National Congress verband, andererseits aber die Arbeit in den Townships fast zum Erliegen brachte. Nach der Integration von MICRU in die ANC-Strukturen im Jahr 1991 begann der Weltfriedensdiensts die Zusammenarbeit mit dem Rehabilitation Project (REHAB) für interne Flüchtlinge in KwaZulu/Natal, das mit den "civics" (Bewohnerinitiativen) und demokratischen Basisgruppen der Region kooperierte. Ein weiteres Kleinprojekt waren die "Get Wize Players", eine Gruppe junger Laienschauspieler, die als Theatergruppe in Schulen, Gemeinden und bei Treffen von anderen Basisgruppen auftraten. Neben diesen direkten Projektkooperationen wurde die Öffentlichkeitsarbeit zur politischen Situation in Südafrika fortgesetzt. Dazu gehörten von 1989 bis 1993 vor allem jährliche Rundreisen mit Vertreter*innen aus der südafrikanischen Zivilgesellschaft, die neben der Informationsvermittlung auch zu Aufbau und Pflege von

Kontakten mit anderen Gruppen aus der Solidaritätsarbeit
zu Südafrika beitrugen.

Nach einem schwierigen und teilweise gewaltsamen Übergangsprozess wurde das Apartheidsystem in der Republik
Südafrika schrittweise abgebaut und ein demokratisch legitimierter Regierungswechsel eingeleitet. Bei den ersten
freien Wahlen im April 1994 errang der ANC einen überwältigenden Sieg und der 27 Jahre lang inhaftierte ANC-
Führer Nelson Mandela wurde der erste schwarze Präsident
des Landes. Der Weltfriedensdienst verfolgte über seine
Kontakte zu zivilgesellschaftlichen Gruppen aus der
schwarzen Bevölkerung diesen Prozess und unterstützte in
den folgenden Jahren mehrere Kleinprojekte von Nichtregierungsorganisationen.

Eine neue Phase der Zusammenarbeit mit NROs in Südafrika begann ab 2001 im Rahmen des staatlichen Programms Ziviler Friedensdienst (ZFD) mit der Entsendung
von Friedensfachkräften zur Unterstützung von Projekten
zur Gewaltprävention und Friedensförderung in Krisen- und
Konfliktregionen. Das erste und bis heute fortgesetzte
Kooperationsprojekt war die kulturell angepasste Trauma-
und Versöhnungsarbeit der Organisation SINANI ("wir sind
mit dir") in KwaZulu-Natal. Neben weiteren ZFD-Partnerprojekten in Südafrika kooperiert der Weltfriedensdienst
seit 2007 mit der Gruppe STEPS, die mit Mitteln des Dokumentarfilms zur Bearbeitung von sozialen Problemen wie
z.B. AIDS befähigen will.

Projektpolitik 5: Globale Partnerschaft

Die Zusammenarbeit mit Basisorganisationen in Simbabwe und in Südafrika bedeutete für den Weltfriedensdienst auch den Beginn einer konzeptionellen Neuorientierung. In Simbabwe war es die Hinwendung zu kleineren Selbsthilfeprojekten "an der Basis", im Fall der Kooperation mit den "civics" in Südafrika die Kombination von politischer Arbeit eines Projektpartners in Afrika mit unterstützender Öffentlichkeitsarbeit in Deutschland. Beide konzeptionellen Stränge – zivilgesellschaftliche Kooperation zwischen "Süd" und "Nord" und komplementäre politische Arbeit im eigenen Land – entwickelten sich zu einer dauerhaften Basis für die künftige Arbeit des Weltfriedensdiensts. Das Schlagwort dafür lautete: "Wer im Süden arbeitet, darf im Norden nicht schweigen."

Für die konzeptionelle Neuorientierung ebenso bestimmend wie die Reflexion der in den Projekten gesammelten Erfahrungen waren die Themen, die in den 1980er Jahren die öffentlichen Debatten bestimmten. Die Ökologiebewegung war als Reaktion auf den Bau von Kernkraftwerken und die industrielle Umweltverschmutzung auf der Prioritätenliste des zivilgesellschaftlichen Engagements ebenso nach oben gerückt wie die Formierung einer breiten Friedensbewegung in beiden Teilen Deutschlands gegen das atomare Wettrüsten und den drohenden Umschlag vom kalten in einen heißen, atomar geführten Krieg.

In den entwicklungspolitischen Diskussionen wurde eine Antwort auf das Scheitern vieler kapital- und technikintensiven Großprojekte mit dem Konzept der Nachhaltigkeit und Basisorientierung (Grassroot Development: "small is beautiful") gesucht. Die damit einhergehende verbreitete entwicklungspolitische Ratlosigkeit bewirkte auch eine Abkehr von dem eurozentrischen Konzept der "nachholenden Entwicklung" für die "Entwicklungsländer" und den

Verzicht auf die Vorbildfunktion der westlichen Industrieländer als Paradigma für das, was mit "Entwicklungshilfe" erreicht werden sollte.

Unter diesen Bedingungen war das 30jährige Bestehen des Weltfriedensdiensts im Jahre 1989 eine gute Gelegenheit, die kritische Rückschau auf die Erfahrungen der vergangenen Jahre mit der Formulierung neuer Perspektiven für die künftige Arbeit des Vereins zu verbinden. Dabei waren allerdings die ebenso überraschenden wie weitreichenden politischen Veränderungen, die am 9. November 1989 mit der Öffnung der Berliner Mauer begannen, noch in keiner Weise absehbar. In einem Diskussionspapier für die Mitgliederversammlung vom 17. bis 19. November 1989 in Berlin fasste der Vorstand den Stand der Überlegungen zusammen. Nach einer kritischen Bestandsaufnahme der bisher gemachten Erfahrungen und Fehlentwicklungen in dem eigenen entwicklungspolitischen Engagement wurden als Leitlinien für die künftige Arbeit formuliert:

- Von der Einseitigkeit zur Gegenseitigkeit:
"Sollen wir weiterhin Kooperant*innen nach Afrika entsenden; wäre es nicht denkbar, umgekehrt unsere afrikanischen Kooperationspartner*innen hierher einzuladen? Wo wären Arbeitsansätze in der Bundesrepublik, und wo könnte von Afrika gelernt werden? … Wir wollen Abhängigkeit und Ausbeutung aus einem abstrakten Schema herauslösen und durch die Begegnung von Menschen hier mit Menschen aus Afrika konkreter und erfahrbarer machen."

- Inlandstätigkeit
"Uns geht es um die konkrete Mitarbeit in der Bundesrepublik, ausgehend von unseren Erfahrungen in der Dritten Welt. Aber hier weniger um Entwicklungshilfe nach "innen", sondern um solidarische Unterstützung von Partnern, die von unserem Wissen und Engagement profitieren können, vor allem aber auch von denen wir lernen können."

- Bündnisse und Vernetzung
"Probleme und Fragen [werden] auch von anderen NGOs im entwicklungspolitischen Bereich geteilt. Warum haben wir bis jetzt so wenig zusammen gemacht?

[Wir wollen] gemeinsame Reflexionsprozesse von Nichtregierungsorganisationen im entwicklungspolitischen Bereich vorantreiben."

Damit waren Perspektiven formuliert, die auch den zwei Grundpositionen Rechnung trugen, die die Strategiedebatten im Weltfriedensdienst schon seit den 1970er Jahren dominiert hatten. Einerseits bestimmte die Projektorientierung in Form von qualifizierter und solidarischer Mitarbeit mit Personal und Finanzmitteln in wenig entwickelten Regionen im Süden der Welt die Arbeitsweise und das Profil des Weltfriedensdiensts. Anderseits gehörte die Orientierung an bewusstseinsbildender Öffentlichkeits- und Netzwerkarbeit zur Veränderung von ungerechten Abhängigkeitsstrukturen zwischen den Ländern des Südens von denen des Nordens ebenso zu seinem Selbstverständnis. Dementsprechend wurde "Einmischung" zu einem neuen Leitwort für die Arbeit des Weltfriedensdiensts sowohl in den Projekten im Süden als auch für die Arbeit in Deutschland. Ab 1987 wurde "Einmischung" auch zu einem eigenen Punkt in den standardisierten Projektberichten und -planungen und damit zum Schlagwort für diese neue Art des politischen Engagements.

Mit diesem basisorientierten Politikverständnis wurde auch das Selbstverständnis als Friedensdienst neu formuliert, das über längere Zeit in den Hintergrund getreten war:

Entwicklungsdienst - ein Friedensdienst?

Wir sind der Überzeugung, daß Friede mehr ist als die bloße Abwesenheit von Krieg.
Unter Frieden verstehen wir auch gesellschaftliche Verhältnisse, in denen alle Menschen ein menschenwürdiges Leben führen können.
In den Ländern der "Dritten Welt" können viele Menschen das nicht. Dort hat sich die Situation in den letzten Jahrzehnten zunehmend verschlechtert. Wir in den Industrienationen tragen in vielfältiger Weise dazu bei. Auch in den gegenwärtigen Beziehungen zwischen sog. Entwicklungs- und Industrieländern, die dafür sorgen, daß das Ungleichgewicht auf der Welt erhalten oder gar ver-

größert wird, liegen die Ursachen für Armut und soziale Ungerechtigkeit - und somit für Unfrieden, der nur allzu oft in kriegerische Auseinandersetzung mündet. Für den WFD gehört zur Sicherung des Friedens, an den Ursachen des Unfriedens anzusetzen. In diesem Sinne verstehen wir unsere Entwicklungsarbeit als Friedensdienst.

Der WFD sieht seine wesentlichen Aufgaben in der Unterstützung von Selbsthilfe- und Basisgruppen in Ländern der "Dritten Welt" und in einer den Interessen dieser Basisgruppen dienenden entwicklungspolitischen Bildungs-, Öffentlichkeits- und Lobbyarbeit hier in unserer eigenen Gesellschaft. Während die Projektunterstützung dazu beitragen soll, daß Menschen vor allem in Afrika ein menschenwürdigeres Leben mit verbesserter Grundnahrungsmittelversorgung, erhöhtem Einkommen, notwendiger (Aus-)Bildung und vermehrter sozialer Stabilität führen können, dient Bildungs-, Öffentlichkeits- und Lobbyarbeit hier dem übergeordneten Ziel, einen Beitrag zur Verbesserung der Rahmenbedingungen für das Leben der Menschen in der "Dritten Welt" zu leisten. Diese Rahmenbedingungen werden nämlich im wesentlichen hier bei uns im Norden geschaffen.

Geschäftsbericht 1988

Die Debatte über die inhaltliche Ausrichtung und das Selbstverständnis des Weltfriedensdiensts wurde in den folgenden Jahren fortgesetzt und weiter konkretisiert. So befürworteten die "Räbker Thesen" der Projektberater von 1992 die stärkere Berücksichtigung von ökologisch angepassten Kleinprojekten und die Hinwendung zu einer langfristig konzipierten Kooperation mit entsprechenden Partnergruppen anstelle von (implizit verfolgten) Idealvorstellungen wie "nachholende Entwicklung" oder sozialistische Gesellschaftsmodelle. Im folgenden Jahr 1993 ergänzten die Projektberater diese Überlegungen durch die Diskussion über Möglichkeiten der Langzeitbegleitung ("Betreuung") von formal abgeschlossenen Projekten als neue Form einer langfristigen Partnerschaft zwischen "Nord und Süd" (Räbke II). Damit wurden auch Überlegungen aufgenommen, die bereits unter dem Stichwort "Nachkontakte" in der Mitgliederversammlung von 1982 eine Rolle gespielt hatten, nachdem Frauengruppen aus dem 1979 abgeschlossenen Projekt an der Elfenbeinküste den Abzug des Weltfriedensdiensts als verfrüht kritisiert hatten. Schon das Palästina-Projekt der Frauenkooperative von Kafr Na'ameh und Bil'in hatte durch das Engagement von Weltfriedensdienstmitgliedern bereits den Charakter einer Langzeitbegleitung, ohne als solches konzeptionell wahrgenommen worden zu sein. Auch in den folgenden Jahren wurden vom Weltfriedensdienst langfristige Kooperationsformen mit Partnerorganisationen dort angestrebt, wo sich kreative Aktionsformen in relevanten Arbeitsbereichen entwickelt hatten.

Insgesamt wurden durch diese Entwicklungen die Diskurskultur und die Projektpolitik innerhalb des Vereins basisorientierter und weniger ideologisch. Neue Projekte sollten lokal angepasst und ökologisch sowie im globalen Kontext verankert konzipiert sein. Gleichzeitig wurde die Notwendigkeit der Arbeit im eigenen Land als komplementär zur Auslandsarbeit vertreten und damit die Rolle der Öffentlichkeitsarbeit im Verein gestärkt. In der Praxis allerdings stellte sich diese Neuorientierung in der Projektpolitik und der strategischen Ausrichtung der Vereinsarbeit als durchaus problematisch dar. Vor allem die aufwendig konzipierten integrierten ländlichen Entwicklungsprojekte auf der kapverdischen Insel Maio und – in geringerem Maße – auch in Boé in Guinea-Bissau erwiesen sich als schwerfällige "Entwicklungstanker", deren Umsteuerung konzeptionell und zeitlich nur sehr langsam zu bewerkstelligen war. Häufig waren Entscheidungen über die Beendigung oder Fortsetzung eines Projektes auch Anlass zu Konflikten zwischen Kooperant*innen vor Ort und der Geschäftsstelle bzw. dem Vorstand. So fassten z.B. zwei Kooperant*innen ihre Einschätzung der Entwicklung des Projektes in Guinea-Bissau am Beginn der letzten Projektphase 1994 folgendermaßen zusammen:

"Als zehn Jahre nach der Unabhängigkeit 1984 das staatliche Projekt PADIB mit Unterstützung des WFD endlich begonnen wurde, erschien es dem WFD wegen des Charakters der staatlichen Führung als »Befreiungsbewegung an der Macht« möglich, Entwicklungsbemühungen der Bevölkerung auch in staatliche Strukturen eingebettet zu unterstützen, da Interessensgegensätze zwischen Staat und Bevölkerung unter solchen Bedingungen für ausgeschlossen oder gering erachtet wurden. ....
Das PADIB-Projekt steht in einer politischen Tradition, die bis heute fortwirkt. Zu Beginn setzte sich der WFD mit der Situation auseinander. Er legte Wert auf die politischen Rahmenbedingungen und verfolgte auch selbst bestimmte Zielrichtungen. Als jedoch seine Erwartungen enttäuscht wurden, verabschiedete er sich aus der Diskussion. Einmal in Gang gebrachte Prozesse wirken jedoch weiter. Sie haben auch Auswirkungen auf das Projekt und seine Aktivitäten und wegen der starken Präsenz des Projektes im Landkreis Boé auch auf die Bevölkerung des gesamten Gebietes."

(Querbrief 3/94)

Alle integrierten ländlichen Entwicklungsprojekte wurden mit einer Schlussphase beendet, um die Konsolidierung der Projektkomponenten abzusichern, bei denen ein eigenständiges Fortbestehen möglich erschien. Auf der Basis bestehender Kontakte entwickelten sich häufig weitere Kooperationen mit anderen Partnern und Initiativen, die weniger aufwendig waren und der veränderten Projektpolitik des Weltfriedensdiensts entsprachen. Ab 1997 entwickelte der Weltfriedensdienst das Konzept einer prozessorientierten Langzeitkooperation in Afrika (POLKA), das langfristige Kontakte und die Unterstützung von kurzzeitigen, kleineren Vorhaben vorsah. Damit wurde eine Kooperationsform förmlich zum Konzept erhoben, die in einzelnen Projekten des Weltfriedensdiensts schon seit längerem praktiziert worden war.

Öffentlichkeitsarbeit als Süd-Nord-Arbeit

Öffentlichkeitsarbeit gehörte seit Beginn der Arbeit des Weltfriedensdiensts zu den anerkannten, aber lange Zeit nur unzureichend wahrgenommenen Aufgaben des Vereins. Ab Mitte der 1970er Jahre vereinbarten der Weltfriedensdienst und die Aktionsgemeinschaft Solidarische Welt die Zusammenlegung der Öffentlichkeitsarbeit beider Vereine mit der "Solidarischen Welt" als gemeinsamer Vierteljahresschrift. Ab 1982 führte der Weltfriedensdienst seine Öffentlichkeitsarbeit in Eigenverantwortung fort.

Die Anforderungen waren gewachsen. Der Weltfriedensdienst war durch seine Kooperationsprojekte mit "Befreiungsbewegungen an der Macht" einer breiteren Öffentlichkeit bekannt geworden, was einen erhöhten Informations- und Spendenbedarf zur Folge hatte. Auch Mitglieder und Freunde des Weltfriedensdiensts meldeten ein verstärktes Interesse an regelmäßiger und besserer Information über die Arbeit in den Projekten an. So wurde ab 1981 halbjährlich ein hektographierter Rundbrief verschickt, der ab April 1986 von dem vierteljährlich erscheinenden "Querbrief" abgelöst wurde. Entsprechend der vereinspolitischen Neuorientierung formulierte das Editorial der ersten Ausgabe des neuen "Querbriefs" programmatisch:

"Wir wollen nicht durch Hochglanzphotos hungernder Kinder Mitleid und schlechtes Gewissen hervorrufen (das sich vielleicht durch einen hastigen Griff zum Portemonnaie beruhigen läßt?). Ein schlechtes Gewissen verstellt nur den Blick auf die Ursachen von Armut.

Unser Ziel ist es eher, neben der personellen und finanziellen Unterstützung von Selbsthilfeinitiativen im Rahmen unserer Öffentlichkeitsarbeit hier in Deutschland Entwicklungsarbeit zu leisten. Dabei wollen wir hier Verständnis für die Probleme der Dritten Welt und unserer Projektpartner dort wecken. Wir versuchen, unter der Fragestellung "Was haben die Probleme der Menschen in der Dritten Welt mit uns zu tun?" Verbindungen herzustellen zwischen dem, was wir aus der Projektarbeit erfahren und lernen und unserer Lebensrealität hier."

(Querbrief 1/ April 1986)

Eine wichtige Voraussetzung für die Intensivierung der Öffentlichkeitsarbeit war die personelle und professionelle Verstärkung des Bereichs Öffentlichkeitsarbeit in der Geschäftsstelle. Hauptverantwortlich für diesen Bereich und damit auch für den "Querbrief" wurde Jani Rolshoven (später Pietsch), die vom Pressereferat des DED zum Weltfriedensdienst gewechselt war. Dazu kamen eine ABM(Arbeitsbeschaffungsmaßnahme)-Kraft sowie ein Redaktionsteam für den Querbrief und ein Öffentlichkeitsbeirat auf ehrenamtlicher Basis. Schnell entwickelte sich der Querbrief zu einer weithin beachteten Zeitschrift mit entwicklungspolitischen Fachbeiträgen und (durchaus selbst-) kritischen Projektinformationen, in denen auch die afrikanischen Projektpartner zu Wort kamen, sowie Vereinsnachrichten.

Durch diese personelle Verstärkung konnte die Öffentlichkeitsarbeit des Weltfriedensdiensts deutlich ausgeweitet werden. Mit Informationsständen und Ausstellungen auf Aktionstagen, bei Kirchentagen, in Schulen und bei weiteren Veranstaltungen wurde der Verein und seine Arbeit stärker bekannt gemacht und Unterstützer und Spender gewonnen. Teil der Öffentlichkeitsarbeit waren ebenfalls Presse- und Rundfunkarbeit sowie eigene Aktionen wie "entwicklungspolitische Stadtrundfahrten" in Berlin

> Zwischen den drängenden internationalen Problemen - Verschuldung, Zerstörung des Regenwaldes, Flüchtlinge - und unserem Bedürfnis nach konkreter Solidarität in der Dritten Welt und hier müssen wir neue Formen des Engagements und des Mitwirkens finden, die alten überprüfen und verbessern.
>
> Grundsatzpapier zu "WFD 2000", MV 1989

oder öffentlichkeitswirksame Mahnwachen vor Bankfilialen, die mit Südafrika Geschäftsbeziehungen unterhielten, oder Protestaktionen gegen die Präsenz Südafrikas auf der

Berliner Tourismusbörse. Hinzu kamen eigene "Inlandsprojekte" zu speziellen Themenbereichen, in denen die Frage "Was haben die Probleme der Menschen in der Dritten Welt mit uns zu tun?" anschaulich und plausibel beantwortet werden konnte.

Rundreisen mit Projektpartner*innen

Aus der Öffentlichkeitsarbeit zu Südafrika entwickelte sich bald die Idee von Informationsrundreisen durch die Bundesrepublik mit Vertreter*innen südafrikanischer Bürgerinitiativen (civics) aus Pietermaritzburg, mit denen 1989 begonnen wurde. Damit wurde auch die konzeptionelle Vorgabe eingelöst, afrikanische Kooperationspartner*innen nach Deutschland einzuladen, um auf diese Weise die Folgen der wirtschaftlichen und politischen Beziehungen zwischen Deutschland und Südafrika durch die Begegnung von Menschen hier mit Menschen aus Afrika konkret und erfahrbar machen. Das Projekt der Rundreisen war auf 4 Jahre angelegt und wurde mit EU-Mitteln und vom Berliner Senat sowie durch Spenden gefördert. Gastgeber und Mitveranstalter waren Dritte-Welt-Gruppen, Kirchengemeinden und andere Organisationen. Auf diese Weise konnten die Vertreter*innen der südafrikanischen Partnerorganisationen selbst von ihren Aktionen und Erfahrungen berichten und damit auch die Arbeit des Weltfriedensdiensts besser bekannt machen und weitere Unterstützergruppen gewinnen.

Das Antirassismusprojekt

Wie eng die Arbeit im südlichen Afrika mit Menschenrechtsproblemen in Deutschland verknüpft war, zeigte sich Wie eng die Arbeit im südlichen Afrika mit Menschenrechtsproblemen in Deutschland verknüpft war, zeigte sich auf geradezu erschreckende Weise durch die gewalttätigen Übergriffe gegen Asylsuchende und "Vertragsarbeiter" aus den "sozialistischen Bruderländern" Mosambik, Angola und

Vietnam in der zusammengebrochenen DDR in den Jahren
nach 1990. Der Weltfriedensdienst war durch seine Arbeit
in Mosambik direkt be-
troffen. Als 1979 die ersten Kooperant*innen
nach Mosambik ausreis-
ten, trafen auch die ers-
ten mosambikanischen
"Vertragsarbeiter" in der
DDR ein. Nach der Auf-
lösung der DDR wurden
sie im September 1991
zusammen mit Vietna-
mesen und Geflüchteten
zum Ziel pogromartiger
Ausschreitungen im
sächsischen Hoyers-
werda. Fremdenfeind-
lich motivierte Übergriffe und Brandanschläge gab es ebenfalls im westlichen Teil Deutschlands, so in Mölln, Solin-
gen, Lübeck und in anderen Orten. Das Thema des Dezem-
ber-Querbriefs 1991 lautete daher zutreffend: "Mosambik in
Deutschland". Zu Wort kamen in dem Heft u.a. Mosambi-
kaner aus der Unterkunft in Hoyerswerda mit einem Bericht
über die Ausschreitungen, ein mosambikanisches Fernseh-
team zu ihren Erfahrungen bei Dreharbeiten in der ehemaligen DDR und eine Kenianerin mit dem Abdruck ihrer Rede
bei einer Solidaritätsdemonstration in Berlin.

Als Reaktion auf den offen zutage getretenen Rassismus
in der eigenen Gesellschaft begann der Weltfriedensdienst
ab Ende 1992 das "Antirassismusprojekt", das auf 3 Jahre
angelegt war. Neben Aktivitäten zu rassistisch bzw. frem-
denfeindlich motivierten Übergriffen gegen ehemalige
DDR-"Vertragsarbeiter" aus Vietnam, Mosambik und
Angola standen vor allem zu Beginn des Projektes auch Protestaktionen gegen die geplante (und 1993 beschlossene)

> Wir wollen ein Zusammenleben, das nicht von direkt rassistischen und subtilen Gewaltverhältnissen bestimmt wird, das sich nicht über die Ausgrenzung von vermeintlichen „Anderen und Fremden", sozial Schwachen und Flüchtlingen definiert, wo nicht der Leistungs- und Verwertungsgedanke gesellschaftliches Sein bestimmt.
>
> …hinterfragen, ob Flüchtlinge denn tatsächlich das „Problem" sind und nicht vielmehr die dahinter stehenden Fluchtursachen. Sich zu fragen, wie diese Ursachen geschaffen werden, was unsere Gesellschaft und somit auch wir damit zu tun haben.
>
> Querbrief 1/94

Verschärfung des Asylrechts im Vordergrund. Ziel des Projektes war jedoch nicht allein der Kampf gegen den sich ausbreitenden Rassismus in Deutschland, sondern es nahm auch das Problem der (verdeckten) Rassismen und Dominanzstrukturen in der Entwicklungszusammenarbeit mit Partnerorganisationen im Süden in den Blick.

Neben Einzelaktivitäten wie Vorträge, Medienarbeit und Teilnahme an Seminaren wurde zunächst eine thematische Reihe von Seminaren zum Thema "Personelle Entwicklungszusammenarbeit – Partnerschaft statt Dominanz" in Kooperation mit dem Deutschen Entwicklungsdienst (DED) geplant. Ein Posterwettbewerb für Studierende an Kunsthochschulen zum Thema "Mythos Entwicklung – Heiligenschein oder Scheinheiligkeit" stieß auf großes Interesse. Mit 19 ausgewählten Arbeiten wurde eine gut nachgefragte Wanderausstellung geschaffen so

wie einzelne Bilder für Lehrmaterialien, ein Kalender und eine U-Bahn-Plakataktion genutzt. Ein Kinospot wurde in Kombination mit einem Informationsfaltblatt in neun Berliner Kinos gezeigt. Zum Konzept des Antirassismusprojekts gehörte von Anfang an nicht nur die Sensibilisierung für rassistische Denkweisen und Strukturen in der deutschen Öffentlichkeit und Entwicklungszusammenarbeit, sondern eben-so die selbstkritische Überprüfung der eigenen Praxis. Von 1995 bis 1997 initiierte der Weltfriedensdienst unter Beteiligung von anderen entwicklungspolitischen Einrichtungen eine intensive Debatte über Grenzen und Möglichkeiten einer partnerschaftlichen Entwicklungszusammenarbeit. Dabei wurden typische Probleme der Zusammenarbeit diskutiert und nach Lösungen gesucht. Asymmetrische Machtverhältnisse (Zugriff auf Finanzen, ungleiche Bezahlung, Status und Einfluss) waren dabei ebenso Thema wie Fragen der Projektsteuerung oder Probleme des interkulturellen Lernens.

Um dem Anspruch des Projektes auf "Partnerschaft statt Dominanz" auch in der Praxis gerecht zu werden, wurde der thematische Posterwettbewerb zum Verständnis von "Entwicklung" 1997 auch in Simbabwe ausgeschrieben, an dem sich 100 Simbabwer*innen beteiligten. Siebzehn der eingereichten Kunstwerke wurden zusammen mit Exponaten aus Deutschland in der National Galerie in Simbabwe gezeigt und später in der "Werkstatt der Kulturen" in Berlin ausgestellt. Abgeschlossen wurde das Antirassismusprojekt mit einem Workshop im November 1997 in Harare/ Simbabwe mit 25 Vertreter*innen von 18 Organisationen aus Simbabwe, Mosambik, Südafrika, Dänemark, Österreich und Deutschland, um die Probleme der Nord-Süd-Zusammenarbeit zu diskutieren und Lösungsverschläge zu erarbeiten.

Für den Weltfriedensdienst bedeuteten die sechs Jahre, in denen das Antirassismusprojekt lief, eine wichtige Phase

> **Antirassismusprojekt**
> "Nirgendwo werden Konflikt- und Machtkonstellationen und unterschiedliche Menschen-und Gesellschaftsbilder so deutlich wie in der Nord-Süd-Arbeit. Entwicklungspolitik (auch) als Instrumentarium zur Durchsetzung einer europäischen Vor-Macht-Stellung betrachtet, legt die eigenen Leichen im Keller frei (Dominanzdenken, Überlegenheit, Paternalismus....). Ein Kehren vor der eigenen Haustüre, ein aufspüren der strukturell-sublimen Formen von Rassismus in der Entwicklungszusammenarbeit ist hier trotz des anhaltend aggressiven Rassismus, der Handeln mit Sofortwirkung zu fordern scheint, gerechtfertigt.
> Vorlage für die MV 1993

96

der Auseinandersetzung mit zentralen Fragen der personellen Entwicklungszusammenarbeit, die seine Projektpolitik und -praxis maßgeblich beeinflusst hat. Eine aussagekräftige Dokumentation mit den einzelnen Aktivitäten im Rahmen des Antirassismusprojekts zusammen mit den dabei verwendeten Übungen hielt die erzielten Ergebnisse fest und machte sie damit langfristig zugänglich. Der praktische Umgang zwischen Weltfriedensdienst und seinen Partnern sollte auf dieser Basis stets neu überprüft und soweit als möglich strukturell verstetigt werden. Dazu gehörten vor allem die frühzeitige Klärung der gegenseitigen Erwartungen zwischen Weltfriedensdienst und seinen Partnern sowie eine Verständigung über gemeinsam zu verfolgende Entwicklungsziele und die Abstimmung über Transparenz, Kommunikation und gemeinsame Entscheidungsstrukturen in den Projekten.

Das Projekt Bäuerliche Landwirtschaft

Zur Neuorientierung der Arbeit des Weltfriedensdiensts gehörte auch die Idee eines "Inlandprojektes", mit dem die "Einmischung" zugunsten von Basisbewegungen in Deutschland parallel zu der Arbeit in Afrika exemplarisch praktiziert werden sollte. Die Gelegenheit dazu ergab sich durch ein Ehepaar, das als Weltfriedensdienst-Kooperant*innen mit der AJAC im Senegal gearbeitet und sich nach der Rückkehr in der Arbeitsgemeinschaft bäuerliche Landwirtschaft (ABL) in Schleswig Holstein engagiert hatte. Die ABL war Mitte der 1970er Jahre aus einem Arbeitskreis junger Landwirte in Württemberg hervorgegangen, der sich mit Fragen der "Dritten Welt" beschäftigte und dabei verblüffende Parallelen zu der eigenen Situation entdeckte. Daraus hatte sich ein bundesweit agierender Dachverband entwickelt, der bis heute für eine sozial- und umweltverträgliche und damit zukunftsfähige Landwirtschaft sowie für entsprechende Rahmenbedingungen eintritt.

Dies entsprach auch dem neu entwickelten Arbeitskonzept des Weltfriedensdiensts. So entstand der Plan, im Rahmen eines Inlandsprojektes die Arbeit der ABL zu unterstützen und nach Möglichkeit mit der Arbeit des Weltfriedensdiensts in Afrika zu verknüpfen. Zunächst wurden eine Zusammenarbeit in der Presse- und Öffentlichkeitsarbeit und in der entwicklungspolitischen Bildungsarbeit sowie ein regelmäßiger Informationsaustausch zwischen Weltfriedensdienst und ABL vereinbart. Dazu wurde die Finanzierung einer Stelle beantragt, die jedoch erst zum November 1991 besetzt werden konnte.

Die Themen der gemeinsamen Öffentlichkeitsarbeit konzentrierten sich vor allem auf die globalen Zusammenhänge von Wirtschaft, Politik und Umwelt, die in den Lebensverhältnissen der Landbevölkerung im Süden wie im Norden erfahrbar werden. So thematisierte ein gemeinsam veranstaltetes Seminar die "Landwirtschaft der einen Welt als Spielball internationaler Wirtschaftsinteressen". Eine Plakataktion "Der Turmbau zur Gabel" wies auf die Überproduktion und Übersättigung in den Industrieländern ebenso hin wie auf die gleichzeitige Ausbeutung der Menschen und der Natur bzw. der Umwelt in den Ländern des Südens. Auf besonderes Interesse stießen vor allem "Drittweltprobleme", bei denen z.B. der Zusammenhang zwischen landwirtschaftlichen Überschussexporten aus der EU und Fluchtbewegungen aus Ländern der "Dritten Welt" deutlich erkennbar war. So wurden 1993 in Zusammenarbeit mit FIAN (Food First Informations- & Aktions-Netzwerk) und Germanwatch im Rahmen einer Kampagne "Rindfleischexporte nach Afrika" ca. 5000 Postkarten an Agrarpolitiker versandt, um den von der EU subventionierten Rindfleischexport zu stoppen, der lokale Fleischmärkte in Afrika zerstört und daher als eine der Fluchtursachen galt (und bis heute noch gilt!).

Im Rahmen der Lobby- und Öffentlichkeitsarbeit von ABL und Weltfriedensdienst in Deutschland wurden auch afrikanische Projektpartner eingeladen. So besuchten 1996 zwei Vertreter des simbabwischen Zusammenschlusses für ökologische Landwirtschaft und nachhaltige Ressourcennutzung Natural Farming Network (NFN) die ABL in Schleswig Holstein, was bei Mitgliedern und in den lokalen Medien auf großes Interesse stieß. Ein Gegenbesuch von zwei Vertretern der ABL in Simbabwe verlief dagegen eher enttäuschend, weil die Organisation der Reise nur wenige Kontakte und kaum Informationsaustausch zuließ. Dennoch hielten ABL und Weltfriedensdienst an dem Konzept einer gemeinsamen agrarpolitischen Öffentlichkeitsarbeit fest, was sich jedoch angesichts der innenpolitischen Entwicklungen in Simbabwe bald als unrealistisch erwies.

Im Laufe der Zusammenarbeit zwischen Weltfriedensdienst und ABL machte sich jedoch zunehmend bemerkbar, dass die Mitglieder der ABL Agrar- und Entwicklungspolitik als eine Einheit betrachteten, während der Weltfriedensdienst beides stärker trennte und letzteres für das Wichtigere hielt. Als durchgängiges Problem des Projektes erwiesen sich insbesondere die hohe Arbeitsbelastung und die existenzbedrohenden Folgen der Agrarpolitik für die kleinen und mittleren Betriebe in der ABL, die den Bauern häufig nur wenig Zeit für die Mitarbeit in dem Projekt ließen. Für die Mitarbeiter des Weltfriedensdiensts erschwerten die räumliche Distanz zwischen dem Pro-

> Mit der Zusammenarbeit zwischen WFD und AbL ist aber nicht nur irgendein WFD-Projekt beendet worden. Es handelte sich dabei um das erste Inlandsprojekt, mit dem der WFD den klassischen, für Dritte-Welt-Organisationen zugeschnittenen politischen Schrebergarten überschritt und sich in ein politisches Themen-gebiet einmischte, das ansonsten von vollkommen anderen Interessen-gruppen „beackert" wird. "Wer vom Süden redet, darf im Norden nicht schweigen" lautet ein Leitsatz des WFD, der aus der Einsicht resultierte, daß eine Verbesserung der Lebens-verhältnisse im Süden nur mit einer Veränderung von Bewußtsein und politischen Rahmenbedingungen im Norden erreichbar ist.
>
> Querbrief 2/98

jektort in Schleswig Holstein und der Berliner Geschäftsstelle häufig die inhaltlichen Abstimmungen und die Koordination der Öffentlichkeitsarbeit und dementsprechend die

Integration des ABL-Projektes in die Gesamtplanung des Weltfriedensdiensts. Trotz der sich daraus ergebenden Missverständnisse und Misserfolge hielten alle Beteiligten an dem gemeinsamen Ziel fest, globale Zusammenhänge im Bereich Landwirtschaft aufzuzeigen, die Auswirkungen des internationalen Agrarhandels und der EG-Agrarpolitik auf die bäuerliche Landwirtschaft in der "Dritten Welt" und in Deutschland deutlich zu machen und durch Lobbyarbeit auf politische Veränderungen hinzuarbeiten.

Als Ende 1997 die Finanzierung und damit auch das Projekt beendet wurden, bewerteten sowohl die ABL als auch der Weltfriedensdienst ihre Zusammenarbeit insgesamt als positive Erfahrung. Auch die Verleihung des Ehrenpreises "Eine Welt 1996" an die ABL und den Weltfriedensdienst durch die Kirchenleitung der Evang.-luth. Nordelbischen Kirche war eine wichtige Anerkennung für diese ebenso interessante wie ambitionierte Projektidee, Ansätze einer globalen Agrarpolitik durch die Zusammenarbeit von Bauernorganisationen im Norden und im Süden zu entwickeln. Innerhalb des Weltfriedensdiensts wurde die Zusammenarbeit mit einem deutschen Projektpartner als wichtige Entsprechung zu dem entwicklungspolitischen Engagement weiterhin als sinnvoll betrachtet. Der Vorschlag, ein Fortsetzungsprojekt im Berlin-nahen Brandenburg zu beginnen, wurde mehrfach bei Mitgliederversammlungen eingebracht, wenn auch bisher nicht umgesetzt.

Langfristige Kooperationen

In den Diskussionen über eine Neuorientierung der Arbeit des Weltfriedensdiensts waren sowohl die Probleme bei der Personalentsendung und den Bedingungen für gleichberechtigte Partnerschaft als auch die Rahmenbedingungen und Formen für die Kooperationsprojekte mit Partnerorganisationen kritisch überprüft worden. An die Stelle des Denkens in Projekten mit festen Laufzeiten und vertraglichen

Verpflichtungen war zunehmend ein Denken in Prozessen und gemeinsamer Problembearbeitung getreten.

Langfristig wirksame Formen der Beziehung und Kooperation zu Partnergruppen in früheren Projektländern hatten sich schon länger ergeben. Die Entwicklungen, die sich als Folge der Erstintervention durch ein Projekt des Weltfriedensdiensts entwickelten, waren ebenso unterschiedlich wie die Arten der Kooperationen und der Partner. Manche dieser Beziehungen zu Partnern in früheren Projektländern existieren seit Jahrzehnten und haben sich bis heute durchgehalten. So war die langjährige Unterstützung der Frauenkooperative in Palästina ein wesentlicher Grund für die Beteiligung des Weltfriedensdiensts am Programm des Zivilen Friedensdienstes mit einem bis heute andauernden Einsatz von Friedensfachkräften in verschiedenen Städten der Westbank. Im Senegal ging die Zusammenarbeit mit der staatlichen Promotion Humaine in die mit der AJAC über. Heute unterstützt der Weltfriedensdienst eine Friedensinitiative von Frauen in der Casamance und seit 2001 die Bauernorganisation ENDA ProNat, die sich für eine ökologisch und wirtschaftlich nachhaltige Landwirtschaft im Senegal einsetzt. Prozessorientierte Langzeitkooperationen ergaben sich ebenfalls in Burkina Faso, Mosambik und auf der Insel Maio.

Diese Entwicklungen hatten einerseits zur Folge, dass die Initiative zum Beginn einer langfristigen Kooperation meist von Partnern im Projektland ausging, andererseits erwarb der Weltfriedensdienst auf diese Weise deutlich mehr Kompetenz in Bezug auf die zu bearbeitenden Probleme und die spezifischen sozialen und politischen Probleme der jeweiligen Länder. Was sich im Laufe der Zeit quasi "naturwüchsig" entwickelt hatte, wurde nun zum Bestandteil einer neuen Konzeption für die Arbeitsweise des Weltfriedensdiensts:

Prozeßorientierte Langzeitkooperation in Afrika [POLKA] ... zeigt, daß der WFD auf der Suche ist, neue Wege der Kooperation

101

mit den Ländern des Südens zu finden. Prozeßorientiert steht im Gegensatz zu projektorientiert, Langzeitkooperation im Gegensatz zu schnellen in Drei-Jahreszyklen abgehandelten Maßnahmen.

… Im Rahmen einer solchen Kooperation arbeitet der WFD ohne vorher fest abgegrenzten Zeithorizont mit Basisinitiativen einer bestimmten Region zusammen. Zwar gibt es hier auch weiterhin zeitlich befristete Projekte; dabei handelt es sich aber eher um kleinere Vorhaben, die sich auf die Beseitigung von punktuell zu behebenden Entwicklungshemmnissen konzentrieren. Durch diese Orientierung auf entscheidende Engpässe werden auch die Aspekte von Selbsthilfe und Identifikation des Projektpartners stärker als bisher in den Vordergrund gestellt. Innerhalb einer Langzeitkooperation soll es aber auch immer wieder Phasen des reinen Informationsaustausches geben, ohne Projektaktivitäten, je nach Bedürfnis beider Partner.

Der Unterschied zum klassischen Projektansatz liegt aber vor allem auch in der Zielsetzung: Eine Langzeitkooperation ist nicht mehr hauptsächlich auf die sogenannten "harten" Resultate ausgerichtet (sehr spezialisierte Kenntnisse, Infrastruktur etc.). Vielmehr soll die Fähigkeit beider Partner zur Lösung unkalkulierbarer Probleme gefördert werden. Konkret gesprochen hieße dies: Während eines Projektes sollen Erfahrungen mit Situationsanalyse, Planungsformen, Konfliktmanagement etc. gemacht werden, die auch unabhängig vom jeweiligen Projekt wieder anwendbar sind.

Querbrief 2/97

Damit betrat der Weltfriedensdienst trotz langer praktischer Erfahrungen konzeptionell Neuland. Mit dem partnerorientierten Arbeitsansatz wurden auch Konsequenzen aus der breit angelegten Diskussion über "Partnerschaft statt Dominanz" gezogen. Die grundsätzliche Ergebnisoffenheit machte partizipative Planung und angepasstes Konflikt-Management eher möglich als der an Ergebnissen orientierte klassische Projektansatz mit festen Laufzeiten. Da diese Art der "Entwicklungszusammenarbeit" nicht den Förderkriterien für staatliche Finanzierung entsprach, war zwar die Gefahr gering, über eine langfristige Förderung materielle Abhängigkeiten zu schaffen, erhöhte aber auch den Druck auf die Spendenwerbung und die Erschließung

102

alternativer Finanzierungsquellen. Dennoch entwickelte sich das POLKA-Konzept zu einem auch langfristig tragfähigen Bestandteil der Arbeit des Weltfriedensdiensts.

Netzwerk- und Lobbyarbeit

Zu den strategischen Zielen für eine Neuorientierung der Arbeit des Weltfriedensdiensts, die bei der Mitgliederversammlung im Jahr 1989 formuliert waren, gehörten auch die Organisation von gemeinsamen Reflexionsprozessen und die Mitarbeit am Aufbau von Zusammenschlüssen von Nichtregierungsorganisationen im entwicklungspolitischen Bereich. Die Entwicklung und Pflege von Netzwerkkontakten gehörten seit Gründung des Weltfriedensdiensts zu den Selbstverständlichkeiten der Arbeit des Vereins. In aller Regel basierten sie auf persönlichen Beziehungen zu Personen und Organisationen mit ähnlichen Überzeugungen und Interessen. Schon die ersten Projekte waren Kooperationen zwischen Weltfriedensdienst, Aktion Sühnezeichen und der Aktionsgemeinschaft Solidarische Welt. Auch nach den Anfangsjahren der "Arbeitsgemeinschaft Weltfriedensdienst 1960" wirkte die Ursprungsidee eines internationalen Zusammenschlusses von Friedens- und Freiwilligendiensten lange nach. Auf der Basis persönlicher Beziehungen bestanden gute Kontakte zu dem Internationalen Christlichen Friedensdienst EIRENE sowie zu der Aktionsgemeinschaft Dienst für den Frieden (AGDF), zu dessen Gründungsmitgliedern der Weltfriedensdienst gehörte. Mit dem Wechsel von der ursprünglichen Arbeit als Freiwilligendienst zu einem anerkannten privaten Träger des Entwicklungsdienstes kamen durch die Mitgliedschaft im "Arbeitskreis Lernen und Helfen in Übersee" (AKLHÜ), der auch Gesellschafter des Deutschen Entwicklungsdienstes (DED) war, viele Kontakte zwischen dem Weltfriedensdienst und Mitarbeitern des DED hinzu, von denen einige vom DED zum Weltfriedensdienst wechselten und umgekehrt. So war z.B. Eberhard Bauer (Geschäftsführer des Weltfriedensdiensts von 1986 bis 1997) zuvor Mitarbeiter der Programmabteilung des DED und der langjährige Vorstandsvorsitzende des Weltfriedensdiensts, Dr. Walter Spellmeyer, Mitarbeiter des ärztlichen Dienstes des DED. Über die Kontakte zum DED war der Weltfriedensdienst auch kontinuierlich und aktuell in die entwicklungspolitische Diskussion in Deutschland eingebunden. Ab 1988 entwickelte sich über die Solidaritätsarbeit für Mosambik ebenfalls ein Kontakt zu Inkota (INformation-KOordination-TAgungen), einem ökumenischen Arbeitskreis von entwicklungspolitisch arbeitenden Gruppen in der DDR. Inkota war 1971 in DDR in der Tradition der "Aktionsgemeinschaft für die Hungernden" (Ost) von Lothar Kreyßig gegründet worden und arbeitete unter dem Schutz des "Bundes der Evang. Kirchen in der DDR" an Themen der entwicklungspolitischen Bewusstseinsbildung in der DDR. Nach der Öffnung der Berliner Mauer und der beginnenden Auflösung der DDR ab November 1989 starteten Inkota und Weltfriedensdienst verschiedene Kooperationen, z.B. im Rahmen der Rundreisen zu Südafrika, im Antirassismusprojekt und bei der Vermarktung von Batikarbeiten einer Partnerorganisation des Weltfriedensdiensts in Mosambik.

Diese Verankerung in entwicklungspolitischen Netzwerken machte es auch möglich, die im Rahmen des Antirassismusprojekts "Partnerschaft statt Dominanz" thematisierten Grundsatzfragen der Personalentsendung in der Entwicklungszusammenarbeit auf breiter Basis zu diskutieren. Mehrere Seminare und Workshops wurden in Zusammenarbeit mit anderen Organisationen (z.B. mit dem DED, der Carl-Duisberg-Gesellschaft (heute GiZ) und andere) durchgeführt. Auf diese Weise brachte der Weltfriedensdienst nicht nur ein seit langem strittiges und komplexes Thema in die Diskussion, sondern bot auch den Raum und die Gelegenheit, sich gemeinsam differenziert und lösungsorientiert damit auseinander zu setzen.

Die wachsende Einsicht unter den entwicklungspolitisch arbeitenden NROs, durch Zusammenschlüsse die eigenen Interessen und Positionen stärker vertreten zu können, führten im Dezember 1995 zur Gründung von VENRO (Verband Entwicklungspolitik und Humanitäre Hilfe deutscher Nichtregierungsorgani-sationen e.V.) und des Berliner Entwicklungspolitischer Ratschlag e.V. (BER) im folgenden Jahr 1996. An beiden Gründungen war der Weltfriedensdienst maßgeblich beteiligt. VENRO ist heute ein wichtiger Dachverband von etwa 120 entwicklungspolitischen und humanitären Nichtregierungsorganisationen (NRO) in Deutschland, der die Kräfte und Erfahrungen seiner Mitglieder bündelt und gemeinsame Kampagnen koordiniert, um deren entwicklungspolitischen Zielen gegenüber Öffentlichkeit und Staat mehr Gewicht zu verleihen. BER ist heute ein Netzwerk von über 50 entwicklungspolitischen Initiativen, Vereinen und Gruppen auf Berliner Landesebene, das der gemeinsamen Koordination nach innen und zentralen Interessenvertretung nach außen dient.

> Schon mein Vorgänger Peter Sohr hatte die entwicklungspolitischen Netzwerkkontakte gepflegt. Ich habe diese Form der direkten Lobbyarbeit bei den politischen Entscheidungsträgern fortgeführt. So wurden in meiner Zeit z.B. die Interessenvertretungen VENRO auf der Bundesebene und BER auf der Berliner Ebene gegründet, was den politischen Einfluss der nicht-staatlichen Entwicklungshilfeorganisationen erheblich gestärkt hat. Dabei war mir auch immer wichtig, den WFD bekannt zu machen, damit er als eigene Größe wahrgenommen wird. Dann wird man auch zu wichtigen Strategiesitzungen eingeladen, bei denen die eigenen Positionen eingebracht werden können. Gleichzeitig hat sich dadurch auch das Kontaktnetz zu interessanten Leuten erweitert, die sich für den WFD zu engagieren bereit waren.
>
> Interview Eberhard Bauer, 09.01.2009

Krisenjahre

Die Diskussion der Probleme in der Entwicklungszusammenarbeit und der damit einhergehenden Verlagerung der Interessen- und Arbeitsschwerpunkte von den Auslands- zur Inlandsarbeit hatte eine wichtige konzeptionelle Weichenstellung in der Arbeit und dem Selbstverständnis des Weltfriedensdiensts bewirkt. Darüber war jedoch die Planung neuer Projekte mit entsandten Kooperant*innen zunehmend in den Hintergrund geraten. So waren 1996 lediglich fünf Kooperant*innen in EZ-Projekten des Weltfriedensdiensts tätig, für die eine Betreuungspauschale (Verwaltungskosten) beim BMZ geltend gemacht werden konnte. Gleichzeitig hatten sich mit der Ausweitung der Inlandsarbeit die Auf- und Ausgaben und damit der Stellenanteil der Geschäftsstelle seit den 1980er Jahren erhöht. Verschärft wurde die Lage durch die Ankündigung mehrerer, bisher "sicherer" Zuschussgeber, ihre Fördergelder deutlich kürzen bzw. auslaufen zu lassen. Ein Gutachten zur Verbesserung der Spendeneingänge erbrachte zwar hilfreiche Vorschläge, konnte aber die Schere zwischen Ausgaben und Einnahmen nur bedingt schließen helfen. Vielmehr zeichnete sich ein strukturelles Defizit von ca. DM 50.000,- (ca. € 25.500) ab, das durch den Verzicht auf Weihnachts- und Urlaubgeld der Mitarbeiter*innen der Geschäftsstelle nur notdürftig gedeckt werden konnte. Das deutliche Ungleichgewicht von Einnahmen und Ausgaben belastete den Verein über Jahre hinaus und veränderte zugleich auch seine Projektpolitik.

Seit dem Bestehen des Weltfriedensdiensts bestand die finanzielle Basis seiner Arbeit aus einer Mischfinanzierung von externen Zuschüssen und selbst erwirtschafteten Eigenmitteln wie Spenden und Mitgliedsbeiträgen. In den Anfangsjahren nach 1967 waren Zuschüsse der "Aktionsgemeinschaft Solidarische Welt" und später des evangelischen Kirchlichen Entwicklungsdienstes (KED) eine relativ verlässliche und unproblematische Basis für die Finanzierung

der Geschäftsstelle und der Eigenmittel, die zusätzlich zu
den Projektförderungen des BMZ aufzubringen waren.
Spendenwerbung unter Freunden und Unterstützern des
Vereins war zwar ein ständiges Thema bei Vorstandssitzun-
gen und Mitgliederversammlungen, wurde aber über lange
Zeit nicht intensiv betrieben. Die Diskussion über die Inhalte der Arbeit hatte eine deutlich höhere Priorität als die
über die Finanzierung ihrer Umsetzung. Spendergruppen
waren meist im Umfeld von Mitgliedern und Mitarbeiter*innen auf der Basis von persönlichen Beziehungen entstanden, wobei man auch eine inhaltliche Nähe zu den Zielen des Vereins voraussetzte. Das Streben nach Unabhängigkeit und die Notwendigkeit der Spendenwerbung standen dabei in einem ständigen, aber eher selten reflektierten Spannungsverhältnis.

> Der WFD will auch in Zukunft seine Eigenständigkeit wahren, wofür eine gesicherte Finanzlage ein gutes Polster bietet - soweit vorhanden. Spendenwerbung und Informations-arbeit in sog. vorsensibilisierten Kreisen der bundesdeutschen Öffentlichkeit - voneinander nicht zu trennen - bilden die Schwerpunkte der gegenwärtigen Arbeit. …
> Wir wollen uns in Zukunft stärker wie auch gezielter an solche Gruppen und Individuen halten, mit denen eine solidarische Zusammenarbeit möglich ist - sowohl inhaltlich als auch finanziell. Auch hierfür ist die Spenderanalyse wichtig.
>
> MV 1983

Der wachsende Druck,
die Einnahmen zu erhöhen und damit den Abbau von notwendigen Stellen in der Geschäftsstelle zu vermeiden, half
die bisher im Weltfriedensdienst vorhandene Scheu vor in-
tensivierter Spendenwerbung zu überwinden und neue
Wege zur Verbesserung der Einnahmesituation zu erproben.
Die bisher geradezu sakrosankte Trennung zwischen Spendenwerbung und Öffentlichkeitsarbeit wurde gelockert
zugunsten einer intensivierten Werbung mit den Inhalten
der Arbeit des Weltfriedensdienstes und seiner Partner. Der
Zwang, sich auf dem Spendenmarkt behaupten zu müssen,

hatte damit sowohl die Notwendigkeit zur eigenen Profilschärfung als auch eine neue und positive Verbindung von Öffentlichkeitsarbeit und Fundraising zur Folge.

Die Anstrengungen, das strukturelle Defizit zu überwinden, waren vielfältig und erstreckten sich über mehrere Jahre. War die Spendenwerbung bisher ein eher untergeordneter Teilbereich der Öffentlichkeitsarbeit, so wurde ab 1995 eine halbe Stelle für Spendenwerbung eingerichtet. Ab 1998 wurden die Mitgliedsbeiträge erhöht. Auch nahm die Zahl der entsandten EZ-Kooperant*innen ab 1999 deutlich zu. Vor allem aber half ein neues Instrument des BMZ, der Zivile Friedensdienst (ZFD), die finanziellen Probleme zu überwinden.

> Was in den bisher besprochenen Materialien immer wieder durch-scheint, wird im WFD-Weihnachtsaufruf 1991 auch ausdrücklich zum Thema gemacht: Der WFD hat Schwierigkeiten damit, um Spenden zu »werben«:
> »Augenscheinlich fehlt uns die Portion Optimismus, die Sie mitreißt, mitträgt; eine denkbar schlechte Ausgangsbasis für einen Spendenaufruf - und das, wo das Thema Geld und Spenden (auch bei uns Mitarbeiterinnen im WFD) so tabuisiert ist, daß wir kaum wagen, direkt dazu aufzufordern, unseren Wunsch meist mit weitschweifigen, anderslautenden Sätzen verschleiern.«
> Gutachten Becker/Krentz, Köln 1992

Die ab 2000 entsandten Friedensfachkräfte wurden zu 100% (statt zu 75% bei den Entwicklungshelfern) vom BMZ finanziert und erforderten damit keine Eigenmittel des Weltfriedensdiensts. Diese Schritte und weitere Entwicklungen bewirkten einen sukzessiven Abbau der Defizite bei der Finanzierung der Projekte und der Geschäftsstelle.

Einen langfristigen Beitrag zur finanziellen Absicherung der Arbeit des Weltfriedensdiensts leistete die Übernahme der Stiftung "Internationale Solidarität und Partnerschaft" (SIS). Ins Leben gerufen hatte die Stiftung der Reiseveranstalter Fritz Pfeiffer, der mit den Kapitalerlösen seiner Stiftung Selbsthilfeprojekte in Ländern des Südens unterstützte und parallel dazu die politische Bildungsarbeit und den Aufbau von Nord-Süd-Partnerschaften mit entsprechenden Kleinprojekten förderte. Seit Ende der neunziger Jahre hatte sich Fritz Pfeiffer darum bemüht, seine Stiftung mit einer leistungsstarken Nichtregierungsorganisation zusammenzuschließen, welche ähnliche Ziele verfolgte. Dies sah er im Weltfriedensdienst als gegeben an, sodass die Stiftung zum 1. Januar 2002 übergeben werden konnte.

Im selben Jahr 2002 ermöglichte eine sehr großzügige Spende von Erich Grunwald, einem ehemaligen Kooperanten in Mosambik, die Gründung einer unselbständigen "Stiftung Weltfriedensdienst", deren Kapitalerträge ebenfalls dem Weltfriedensdienst zuflossen. Nach dem Unfalltod von Erich Grundwald im Jahr 2003 wurde die Stiftung in "Stiftung Weltfriedensdienst Erich Grunwald" umbenannt. In den folgenden Jahren unterstützten zwei weitere Stiftungen, die Stiftung "Solidarität und Menschenrecht" (S.U.M.) und "Education Support Fonds Africa" (ESFA), Kooperationsprojekte des Weltfriedensdiensts in Lateinamerika und Afrika. Mit der Übernahme des operativen Bereichs der Stiftung SIS gewann der Weltfriedensdienst zugleich ein neues Arbeitsfeld in Form von Partnerschaftsprojekten vor allem in Lateinamerika und Afrika, die von Schulen, Kirchengemeinden und Kommunen in Deutschland und anderen Gruppen geschlossen worden waren.

Die Ausweitung des Projektbereichs durch die Erhöhung der Zahl der entsandten Kooperant*innen und der Projekte bedeutete auch einen deutlichen Anstieg der Arbeitsbelastung bei einem gleichzeitigen Abbau von Personalkapazitäten in der Geschäftsstelle. Einige langjährige Mitarbeiter*innen der Geschäftsstelle verließen in diesen Jahren den Weltfriedensdienst, was einen nicht unerheblichen Verlust an Erfahrungen und Kenntnissen darstellte, während neue Kolleg*innen erst eingearbeitet werden mussten. Trotz einer Verbesserung der Arbeitseffizienz führte dies zu einer Tendenz von der inhaltlichen Projektbetreuung hin zu einer immer zeitaufwendigeren Projektverwaltung. Gleichzeitig wurden die Veränderungen bei der Auslandsarbeit und im entwicklungspolitischen Umfeld von intensiven Diskussionen bei Mitgliederversammlungen und Mitgliedergruppen begleitet. Unterstützend wirkten in diesem Prozess insbesondere die stabilisierende und ermutigende Rolle des Vorstandsvorsitzenden Dr. Walter Spellmeyer (1994 bis 2007) sowie der problemlose Wechsel in der Geschäftsführung von Eberhard Bauer zu Walter Hättig im Juni 1997, der seine langjährigen Erfahrungen als Geschäftsführer der Aktionsgemeinschaft Solidarische Welt gerade in dieser schwierigen Situation konstruktiv einbringen konnte.

Vor allem durch die Erhöhung der Zahl der Entwicklungshelfer und Friedensfachkräfte des ZFD war die akute Finanzkrise des Weltfriedensdiensts ab 2004 zwar kurzfristig überwunden worden, die finanzielle Absicherung der Arbeit des Vereins blieb jedoch auch weiterhin eine ständig neu zu bewältigende Aufgabe von Geschäftsstelle und Vorstand. Der Prozess, den der Weltfriedensdienst dabei durchlaufen hatte, enthielt jedoch weit mehr als nur ökonomische Komponenten. Die inhaltlichen Voraussetzungen und Ziele der eigenen Arbeit und damit das eigene Profil mussten neu geklärt und geschärft werden. Das Verhältnis zwischen entwicklungspolitischer Öffentlichkeitsarbeit und Spendenwerbung war weiter zu diskutieren und nach außen vertretbar zu machen Die vorhandenen Finanzierungsinstrumente mussten auf ihre inhaltliche Tauglichkeit überprüft und auch über Lobbyarbeit verbessert werden. Damit waren die Entwicklungslinien vorgezeichnet, an denen sich die Arbeit des Weltfriedensdiensts in den folgenden Jahren orientierte.

Auslands- und Partnerschaftsprojekte

Eine der zentralen Aufgaben zur Bewältigung der Finanzprobleme des Weltfriedensdiensts war die Erhöhung der Zahl der entsandten Kooperant*innen, um damit insbesondere die Verwaltungskostenzuschüsse zur Finanzierung der Geschäftsstelle zu erhöhen. Im Jahr 1996 bestand die Auslandsarbeit des Weltfriedensdiensts nur noch aus Projekten in Mosambik, Simbabwe und Guinea-Bissau, die Anfang der 1980er Jahre mit dem Slogan "Befreiungsbewegungen an der Macht" begonnen worden waren. Neue Partnerorganisationen waren lediglich in der Öffentlichkeitsarbeit vor allem aus Südafrika dazu gekommen, deren inhaltliche Ausrichtung in den Bereichen Menschenrechte und Konfliktbearbeitung lag. Das Thema Menschenrechte und Konfliktbearbeitung hatte auch der Balkankrieg und die große Zahl von Kriegsflüchtlingen aus dem Kosovo, die Ende der 1990er Jahre nach Deutschland kamen, eindringlich auf die Tagesordnung der öffentlichen Diskussion gesetzt.

Mit der Einführung des Programms "Ziviler Friedensdienst" gewannen Friedensdienst und Konfliktbearbeitung wieder neu an Bedeutung. Aus Anlass des vierzigsten Gründungsjubiläums im Jahr 1999 fasste der Weltfriedensdienst sein Selbstverständnis und die Ziele seiner Arbeit in den letzten Jahren mit den Stichworten "Engagement für Frieden, Entwicklung und Menschenrechte" zusammen. Damit waren auch die Ziele beschrieben, die die Arbeit in den folgenden Jahren leiteten.

Ziviler Friedensdienst und Entwicklung

Der Zusammenhang von Frieden und Entwicklung gehörte seit seiner Gründung zum Selbstverständnis des Weltfriedensdiensts. Die Akzente waren im Lauf seiner Geschichte jedoch durchaus unterschiedlich gesetzt gewesen. Über lange Phasen hatte die Unterstützung der Selbsthilfekräfte durch kollektive Aktionen zur Verbesserung der eigenen Lebensverhältnisse die Projektpolitik bestimmt. Dies wurde im weiten Sinne auch als Friedensdienst verstanden. Mit der Beteiligung am neuen Programm des Zivilen Friedensdienstes rückte das Thema Frieden durch Konfliktbearbeitung wieder in den Vordergrund. Die Probleme der Finanzierung führten den Weltfriedensdienst auch zu einem Rückgriff auf die Grundgedanken seiner Anfänge. "Greift der Verein mit seinen heutigen Ideen das Gedankengut auf, das die Vereinsgründer bewegt hat?" fragte das Editorial zum Querbrief 3/99 in einem Rückblick auf die Geschichte des Vereins.

Die Forderung nach einem Programm zur Gewaltprävention und Friedensförderung in Krisen- und Konfliktregionen hatten zivilgesellschaftliche Friedensgruppen seit der Neubestimmung der Aufgaben der Bundeswehr nach der Wiedervereinigung 1990 wieder ins Gespräch gebracht. Mit der Gründung des "Forum ZFD" im Februar 1996 hatte sich eine Lobbygruppe für die Einrichtung eines zivilen Friedendienstes konstituiert, die im folgenden Jahr 1997 zum Zusammenschluss verschiedener deutscher Friedensdienste zum "Konsortium ZFD" führte. Neben der Aufarbeitung von Kriegstraumata wurden vor allem die Herausbildung von demokratisch orientierten Zivilgesellschaften und die Vermittlung von gewaltfreien Konfliktlösungsstrategien als Aufgaben eines Zivilen Friedensdienstes gesehen. Mit Unterstützung des Landes Nordrhein-Westfalen fand 1997 der erste Qualifizierungskurs zur Ausbildung von Friedensfachkräften für den Zivilen Friedensdienst statt. Anders als das frühere, auch mit der Gründung des Weltfriedensdiensts verfolgte Modell einer Alternative zum Wehrdienst wurde im Jahr 1999 der Zivile Friedensdienst (ZFD) als ein "integrales Element einer friedenspolitischen und krisenpräventiv orientierten deutschen Entwicklungspolitik" ins Leben gerufen. Als staatlich-zivilgesellschaftliches Gemeinschaftswerk sollten Steuerung und Ownership für das Programm einvernehmlich durch das Konsortium ZFD und das Bundesministerium für wirtschaftliche Zusammenarbeit und Entwicklung (BMZ) in Abstimmung mit dem Außenministerium (AA) wahrgenommen werden (Selbstdarstellung BMZ).

Da praktisch alle bisherigen EZ-Projekte des Weltfriedensdiensts in Konfliktregionen lagen, entsandte er Friedensfachkräfte zunächst vorrangig in Länder des südlichen Afrika, in denen bereits Kontaktnetze existierten. Auf diese Weise war die Möglichkeit gegeben, Projekte des ZFD und der EZ in einer Region aufeinander abzustimmen. Obwohl auch die partnerschaftlich organisierten EZ-Projekte durchaus friedensfördernden und konfliktpräventiven Charakter hatten, wurde von Anfang an darauf geachtet, in den ZFD-Projekten die Konfliktbearbeitung und

> **Ziviler Friedensdienst – eine besondere Stärke des WFD**
>
> ….
>
> Wo wollen wir hin? (Vision)
> … Ziel des ZFD im WFD ist es, Gesellschaftsveränderungen hin zur Gewaltfreiheit zu unterstützen. Dieses Ziel soll sich nicht nur auf die direkte und physische Gewalt beziehen, sondern auch strukturelle Gewalt einbeziehen. D.h. der WFD stärkt durch seine Projekte zivilgesellschaftliche Institutionen und Prozesse, die zu einer gerechteren und friedlicheren Gesellschaft bei-tragen. Dabei macht es sich der WFD zu eigen, ZFD Ansätze in Inland und Ausland zu verknüpfen und den internationalen Austausch zu fördern. In Deutschland soll der "Ein-Tausch" ausländischer Friedensfachkräfte stattfinden!
>
> ZFD-Beirat 2001

Prävention zum vorrangigen Arbeitsziel für entsandten Friedensdachkräfte (FFKs) zu machen.

Als 1999 der Zivile Friedensdienst formell gegründet wurde, beteiligte sich der Weltfriedensdienst an diesem Programm mit einem Versöhnungsprojekt im Matabeleland im südlichen Simbabwe. Kooperationspartner für dieses Projekt war das Menschenrechtsprojekt "Zimrights". Ziel des Projekts war die Bearbeitung der ethnisch-politisch begründeten Konflikte zwischen den Volksgruppen der Shona (ZANU) und der Ndebele (ZAPU). Die Mehrzahl der folgenden ZFD-Projekte in den Jahren 2000 bis 2005 befand sich in Simbabwe, das nach der unkoordinierten Landreform einen drastischen wirtschaftlichen und politischen Niedergang erlebte.

Friedensfachkräfte unterstützen die unterschiedlichen Projektpartner in bspw. folgenden Bereichen: Capacity Building, Organisationsentwicklung, Öffentlichkeitsarbeit und Training. Für die Tätigkeiten vor Ort haben sich die FFKs fast immer eine Zusatzqualifikation erworben, besonders im Bereich der Konfliktanalyse.

MV 2005

Ein weiteres Schwerpunktland der Anfangsjahre des ZFD war die Republik Südafrika, die sich im Übergang von dem rassistischen Apartheidsystem hin zu einer westlichen Demokratie befand. In diesen Projekten wurden entweder die Folgen politisierter ethnischer Konflikte und ihrer Prävention bearbeitet oder zivilgesellschaftliche Strukturen der Gewaltprävention und Mediation gestärkt. Spätere Schwerpunktländer sowohl für die Entsendung von Friedensfachkräften als auch von Kooperant*innen für Projekte der Entwicklungszusammenarbeit waren vor allem Südafrika, Mosambik, Guinea-Bissau und Senegal, bei denen an Kontakte aus früheren Kooperationsprojekten angeknüpft wurde. Neu hinzu kamen in Afrika Projekte in Guinea-Conakry, Angola, Tansania, Burundi, Ghana Äthiopien und Sambia.

Mit der Unterstützung eines Menschenrechtsprojekts COAJ (Rat der Indio-Organisationen Jujuys) von indigenen Kolla- und Guarani-Chiriguano-Gemeinden in der argentinischen Provinz Jujuy arbeitete der Weltfriedensdienst ab 2000 erstmals wieder in einem lateinamerikanischen Land. Daraus entwickelte sich eine Langzeitkooperation zur Verteidigung von Land- und anderen Rechten der Indio-

Gemeinden. Projekte zur Armutsbekämpfung und Gewaltprävention wurden in den Favelas von Rio und Recife sowie in einer Indigenen-Gemeinschaft in Bolivien unterstützt.

An dem ZFD-Programm für Palästina und Israel beteiligte sich der Weltfriedensdienst in den ersten fünf Jahren lediglich als Entsendeorganisation für das Forum ZFD im sog. Huckepackverfahren, da das Forum ZFD erst im März 2007 als Entsendeorganisation für Friedensfachkräfte vom BMZ anerkannt und gefördert wurde. Seit 2005 unterstützt der Weltfriedensdienst in Palästina zusätzlich zu den bestehenden Kontakten zu der Frauenkooperative bei Ramallah durch eigene Friedensfachkräfte verschiedene Projekte zur psychischen und sozialen Bewältigung der extrem belastenden israelischen Besatzung sowie die renommierte Menschenrechtsorganisation AlHaq in Ramallah. Neu hinzugekommen ist in letzten Jahren die Mitarbeit in einem Ausbildungsprojekt in Laos sowie in einem Projekt der lokalen Konfliktbearbeitung in Myanmar.

Seit 1999 entsandte der Weltfriedensdienst insgesamt 66 Friedensfachkräfte in ZFD-Projekte und 43 Kooperant*innen in Projekte der Entwicklungszusammenarbeit in 13 afrikanische, 3 lateinamerikanische und ebenfalls 3 asiatische Länder. Die dabei gesammelten Erfahrungen stärkten die friedenspädagogische und friedenspolitische Kompetenz des Weltfriedensdiensts erheblich, sodass sich die unterschiedlichen Arbeitsansätze von Friedens- und Entwicklungsdienst nicht nur konzeptionell, sondern auch in der der Praxis gegenseitig ergänzten, wann immer das möglich war. Ähnlich wie in den EZ-Projekten zeigte sich auch in den ZFD-Projekten, dass die lokalen Partner häufig über durchaus vergleichbare bzw. sich ergänzende Kompetenzen verfügten. Damit war die Arbeit in den Projekten nicht mehr von einem asymmetrischen "Lehrer-Schüler-Verhältnis" geprägt, sondern wurde zu einer gemeinsamen Aufgabe in Form einer gleichberechtigten und sich gegenseitig ergänzenden Konfliktbearbeitung in einem speziellen Kontext.

Partnerschaftsprojekte

Mit der Übernahme der Stiftung S.I.S. ab Januar 2002 hatte der Weltfriedensdienst die Verpflichtung übernommen, die Kleinprojektförderung der Stiftung fortzuführen. Die bedeutete die operative Betreuung und inhaltliche Begleitung von ca. 55 Partnerschaftsprojekten von Schulen, Kommunen, Kirchengemeinden und anderen Spendergruppen sowie von Firmen und Einzelpersonen. Diese Projekte befanden sich in sieben afrikanischen und sechs lateinamerikanischen Ländern und umfassten eine Fördersumme von insgesamt € 303 Tsd. Hinzu kamen die Trägerschaft für zwei EU-ko-finanzierte Ausbildungsprojekte in Ghana und Brasilien sowie Spendenmittel für

Informationsveranstaltungen für die Schülerschaft in der Aula, eine „festa brasileira" machten das Projekt und darüber hinaus die Lern- und Arbeitsziele von Nord-Süd-Partnerschaften allgemein bekannt:
- Teilen lernen
- Verstehen lernen
- Zusammenhänge erkennen
- Die Welt verändern
- Sich selbst verändern.

Eine Info-Wand mit ständig aktualisierten Berichten und Fotos informierte über den Baufortschritt, der auch an einem Lego-Modell demonstriert wurde, ein Spenden-barometer zeigte den Stand der eingeworbenen Mittel. Die Initiativgruppe traf sich alle vier bis sechs Wochen zur Planung und Besprechung der Aktivitäten. Im Schul-Info-Blatt und in Elternbriefen wurde regelmäßig berichtet.

Bericht des Amos-Comenius-
Gymnasiums, MV 2002

ein Nothilfeprogramm, das von CARE in Afghanistan durchgeführt wurde. Da sich der Großteil der Partnerschaftsgruppen an Schulen, Kirchengemeinden, Eine-Welt-Läden etc. befanden, war das Engagement dieser Gruppen in der Regel sowohl auf das Generieren von Spendenmitteln zur Finanzierung der Partnerschaftsprojekte gerichtet, als auch auf entwicklungspolitische Öffentlichkeits- und Bildungsarbeit in ihrem unmittelbaren Umfeld.

Um die Arbeitsfelder von Stiftung und Weltfriedensdienst konzeptionell und operativ zusammenzuführen, wurden der S.I.S.-Gründer Fritz Pfeiffer sowie zwei Vertreter*innen der Partnerschaftsgruppen in den Vorstand gewählt und die Geschäftsstelle um die Bereiche "Partnerschaftsprojekte" und "Spenderkommunikation" erweitert. Dadurch konnten interessierte Gruppen bei der Auswahl geeigneter Partner in Afrika und Lateinamerika beraten und Kontakte vermittelt werden. Bestehende Partnerschaftsgruppen erhielten Bildberichte aus dem Projekt sowie Anregungen für die Spendensammlung und Öffentlichkeitsarbeit. Ferner übernahm die Geschäftsstelle die Weiterleitung der Spenden und die Überprüfung der Abrechnungen aus den geförderten Projekten. Die ehrenamtlichen Mitglieder des Partnerschaftsbeirats berieten den Weltfriedensdienst bei der Weiterentwicklung seiner Partnerschaftsarbeit sowie bei der Gewinnung neuer Partnerschaften und stellten diesen ihre Erfahrung zur Verfügung. Partnerschaftsrundbriefe mit Neuigkeiten aus der Geschäftsstelle und den Projekten, Hilfen für die Eine-Welt-Arbeit und Erfahrungsberichten aus aktiven Gruppen wurden vierteljährlich an die Partnerschaftsgruppen versandt. Ein jährlich stattfindendes Partnerschaftsseminar bot die Möglichkeit zum Informationsaustausch gegenseitige Beratung.

Trotz der offenkundigen Unterschiede der Philosophien und der Art der Projektunterstützung eröffneten die Gemeinsamkeiten bei den Zielen und Wertvorstellungen neue Chancen, professionelle Entwicklungsarbeit mit entwicklungspolitischer Bildungsarbeit in Deutschland zu verbinden. So engagieren sich einige Partnerschaftsgruppen für BMZ-finanzierte Projekte des Weltfriedensdiensts und leisten damit einen wichtigen Beitrag zur Finanzierung der Eigenmittel für diese Projekte. In einigen Fällen wurden "Kleinprojekte" von Partnerschaftsgruppen auch in Form von EZ-Projekten weiter geführt. Auf Seiten des Weltfriedensdiensts führten die Erfahrungen mit Partnerschaftsgruppen an Schulen zur Entwicklung des Inlandsprojektes "work4peace" für Schulen, mit dem ein neuer Zugang zu Jugendlichen und Lehrer*innen eröffnet wurde. Auch das ursprünglich für Partnerschaftsgruppen als Begegnungs- und Austauschmöglichkeit organisierte jährliche Partnerschaftsseminar wurde im Laufe der Zeit auch von den übrigen Mitgliedern und Unterstützer*innen des Weltfriedensdiensts besucht und ist heute als "Frühjahrstreffen" eine feste Einrichtung des Vereins.

Schon nach einigen Jahren ist die Partnerschaftsarbeit zu einem nicht mehr weg zu denkenden Bestandteil des WFD geworden. Auch wenn in den letzten Jahren das Interesse an Projektpartnerschaften zurückgegangen ist, sind die Partnerschaftsgruppen nach wie vor ein wichtiges Arbeitsfeld des Weltfriedensdiensts. Dessen Bedeutung für die konzeptionelle Ausrichtung des Vereins im Blick auf die Entstehung eines weltweiten zivilgesellschaftlichen Netzes für Frieden und Entwicklung wird im Weltfriedensdienst jedoch noch immer eher unter- als überschätzt. Im Jahr 2016 kooperierte der Weltfriedensdienst mit etwa 40 Gruppen, die 23 Partnerschaftsprojekte in 16 Ländern durch persönliche Beziehungen und finanzielle Zuwendungen unterstützen.

Friedensarbeit lokal und global

Seit 1989 gehörten Projektrundreisen mit Vertreter*innen von Partnerorganisationen aus dem südlichen Afrika zum festen Bestandteil der Öffentlichkeitsarbeit des Weltfriedensdienstes. Als "Inlandsprojekte" hatten sie profiliert unter dem Motto "Solidarität und Gerechtigkeit" gestanden. Nach dem Ende des Apartheidregimes in Südafrika bildete sich ab Mitte der 1990er Jahre bei den Inlandsprojekten des Weltfriedensdiensts eine Tendenz heraus, die mit der Beteiligung am Programm des Zivilen Friedensdienstes und der fast zeitgleichen Übernahme der Partnerschaftsgruppen der S.I.S. deutlich verstärkt wurde: eine klare friedenspolitische Orientierung und eine Internationalisierung der Projektpolitik des Vereins.

Das Argument einer langfristigen Friedensarbeit und einer Stärkung der Zivilen Konfliktbearbeitung behält seine Berechtigung. Hier hat der WFD seine Erfahrungen aus der Arbeit in Konfliktländern, die er in die Debatte um Zivilen Friedensdienst einbringen kann.
Für eine an Frieden und Menschenrechten orientierte Öffentlichkeitsarbeit bedeutet dies, weiterhin alle drei Dimensionen der Verletzung der Menschenrechte (politisch, sozial und wirtschaftlich) zu thematisieren .... aber gleichzeitig auch die zunehmende, systematisch organisierte Verletzung der Menschenwürde von Flüchtlingen und MigrantInnen im exklusiven EU-Europa aufzugreifen und zu bekämpfen. ... Im nächsten Jahr wird der WFD zu diesem Thema eine Informationsrundreise mit Aktivistinnen aus Südafrika, Palästina, dem Balkan und Deutschland durchführen. So hoffen wir, verschiedenen Ansätzen ziviler Konfliktbearbeitung und kontinuierlicher Friedensarbeit hierzulande Gehör und Sympathien zu verschaffen.

Querbrief 3/99

Mit der absehbaren Beendigung der beiden Inlandsprojekte Antirassismus und Bäuerliche Landwirtschaft hatte sich die Frage gestellt, wie die Inlandsarbeit als Ergänzung der Arbeit mit Partnerorganisationen in Afrika fortgesetzt werden konnte. Der Anstoß für ein neues Inlandsprojekt ergab sich aus den Kontakten zu Südafrika, das Anfang der 1990er

Jahre das politische System der Apartheid zu überwinden begann. Um einen Weg zur Versöhnung zwischen den verfeindeten Volksgruppen in Südafrika zu eröffnen, wurden 1994 eine Wahrheits- und Versöhnungskommission (Truth and Reconciliation Commission) einberufen, die die Verbrechen von Angehörigen aller Volksgruppen unabhängig von der Hautfarbe der Täter aufklären und somit zur Versöhnung beitragen sollte. Damit war Südafrika dem Beispiel vieler anderer Staaten gefolgt, die seit den 1980er Jahren nach dem Übergang von einer Diktatur zur Demokratie Wahrheitskommissionen eingerichtet hatten. Nach den deutschen Erfahrungen mit politischen Unrechtsregimen und den Konfliktsituationen in den Partnerländern des Weltfriedensdiensts lag die Idee nahe, einen Austausch über Beispiele der Versöhnungsarbeit in unterschiedlichen Ländern einschließlich Deutschlands zu organisieren und damit Lernprozesse für die Konfliktbearbeitung in diesen Ländern zu initiieren.

Das Versöhnungsprojekt

Im Juli 1997 begann das mit EU-Mitteln finanzierte sog. Versöhnungsprojekt unter dem Titel "Gesellschaften im Wandel - Versöhnen, vergeben, vergessen?". Über einen Zeitraum von drei Jahren sollten gesellschaftliche Transformationsprozesse in Südafrika, Chile, Argentinien, Mosambik, Palästina/ Israel und Deutschland unter den Aspekten Wahrheit. Versöhnung und Gerechtigkeit thematisiert werden. Dazu sollten einmal im Jahr drei Vertreter*innen von Menschenrechtsorganisationen aus den genannten Ländern für 4-6 Wochen zu einer Rundreise durch mehrere deutsche und europäische Städte eingeladen werden, um dort öffentlich und in Workshops ihre unterschiedlichen Erfahrungen im Umgang mit der gewaltsamen Vergangenheit zu diskutieren. Zur Vorbereitung der verschiedenen Veranstaltungen vor Ort wurde ein Netz von Organisationen aufgebaut, deren Arbeitsschwerpunkte bei der Thematik oder einem der Länder lagen

Im Juni 1998 besuchte eine Gruppe von Gästen aus Südafrika, Simbabwe und Guatemala Städte im östlichen und westlichen Teil Deutschlands sowie die österreichischen Städte Salzburg und Wien. Auch im Berliner Raum ergaben sich schnell inhaltliche Anknüpfungspunkte zu anderen Nichtregierungsorganisationen. Die starke Resonanz auf das neue Inlandsprojekt zum Thema "Wahrheit und Versöhnung" zeigte schnell, wie hoch der Diskussionsbedarf und damit auch die Relevanz des Themas war.

> Ziel des Projektes ist, eine möglichst breite Öffentlichkeit für dieses Thema, das in Deutschland in Bezug auf die eigene Geschichte nicht bzw. nur bruchstückhaft bearbeitet wurde, zu interessieren. Darüber hinaus gilt es, unter den ReferentInnen, die an jedem Ort durch einen Beitrag über die deutschen Erfahrungen mit dem Nationalsozialismus und dem DDR-Unrechtsregime ergänzt wer-den sollen, einen Austausch hinsichtlich der Unterschiede und Gemeinsamkeiten der Aufarbeitungsprozesse anzuregen. Dieser Austausch dient der Initiierung eines gegenseitigen, gleichberechtigten Lernprozesses, der Handlungsstrategien und Zukunftsperspektiven für eine an Opfern orientierte Aufarbeitung der Vergangenheit eröffnen kann und dessen Ergebnisse in die einzelnen Länder wieder eingebracht werden.
>
> WFD-Jahresbericht 1997

Die Rundreise im Juni 99 fand mit drei Gästen aus Südafrika und Simbabwe statt unter dem Thema "Keine Versöhnung ohne soziale Gerechtigkeit" und konzentrierte sich auf die Probleme der Entschädigung von Opfern nationalsozialistischer Willkür in Deutschland und der Landrückgabe an enteignete Bauernfamilien in Simbabwe und Südafrika. Ende des Jahres wurde das südafrikanische Theaterstück "Playland" koproduziert, das sich mit der Frage von Versöhnung und Vergebung auseinandersetzt. Einen Monat lang wurde das Stück in Berlin aufgeführt, wobei die Inszenierung des Stücks beim Publikum großen Anklang und bei den Medien viel Beachtung fand.

Im dritten und letzten Projektjahr 2000 wurden Gäste aus Palästina, Südafrika und Serbien eingeladen, um zu dem

Thema „Nach Kriegen und Konflikten: Versöhnungs- und Begegnungsarbeit von unten" Initiativen aus ihren Ländern zu berichten, die jenseits staatlicher Zuschreibungen Begegnungen zwischen (ehemals) verfeindeten Gruppen organisieren.

Im Ergebnis wurde mit diesem Projekt der konkrete Nord-Süd-Austausch über persönliche Begegnungen, Besuche, Projektkooperationen und moderne Kommunikation gestärkt. Die Gäste aus den Partnerländern profitieren von den Erkenntnissen und Kontakten und auch von entsprechenden Finanz-Kooperationen, die sich im Laufe ihrer Aufenthalte entwickelt hatten. Die Kooperationspartner in Deutschland und in den besuchten Nachbarländern betonten, dass die Auseinandersetzung mit den Gästen und Themen sie in ihrer Arbeit weitergebracht und inhaltliche und motivierende Impulse bekommen hätten.

Peace Communication

Während das "Versöhnungsprojekt" die Transformationsprozesse in verschiedenen Ländern unter den Aspekten Wahrheit, Versöhnung und Gerechtigkeit thematisiert hatte, richtete das Folgeprojekt "Peace communication" seinen Fokus auf die öffentliche Wahrnehmung von Friedensarbeit in scheinbar „hoffnungslosen" Kriegs- und Krisengebieten in Ländern des Südens und die Information über verschiedene Formen und Ansätze dieser Friedensarbeit. Mit dem Projekt sollte ein Forum für Organisationen und Menschen aus dem Süden geboten werden, die sich in der gewaltfreien Konfliktbearbeitung engagieren. Ebenso sollte eine intensive Öffentlichkeitsarbeit und der Austausch mit den Akteuren aus dem Süden in Workshops und auf öffentlichen Veranstaltungen dabei helfen, das Bild, das in der Gesellschaft und in den Medien über die Länder des Südens vorherrscht, nachhaltig zu verändern. Dazu wurden pro Jahr zwei mehrwöchige Dialogrundreisen mit Workshops, Fachgesprächen und öffentlichen Veranstaltungen durchgeführt und im letzten Projektjahr ein Kurzgeschichtenwettbewerb ausgerichtet.

Im ersten Projektjahr lagen die thematischen Schwerpunkte auf den Themen "Engagement für den Frieden in Israel und Palästina" und "Künstlerische Mittel in der Konfliktbearbeitung". "Gender und konstruktive Konfliktbearbeitung" sowie "Die soziale Reintegration von Kindersoldaten" waren die Themen des zweiten Jahres. Im letzten Projektjahr 2004 beschäftigte sich die erste Rundreise mit der Rolle der Medien in der gewaltfreien Konfliktbearbeitung, insbesondere mit dem Medium Radio in Afrika. Bei der letzten Rundreise standen die Möglichkeiten des Theaters in der Friedens- und Konfliktarbeit im Mittelpunkt.

Bei allen Rundreisen wurde versucht, durch Workshops, Fachgespräche mit Expert*innen und öffentliche Veranstaltungen an verschiedenen Orten ein möglichst breites Publikum anzusprechen und für das jeweilige Thema zu interessieren. Darüber hinaus wurde ein Kurzgeschichtenwettbewerb zum Thema „Short Stories for Long Moments of Peace" ausgeschrieben und die beeindruckendsten Geschichten als Buch unter dem Titel „Die Sterne glänzten, doch die Vögel weinten" veröffentlicht. Im Zusammenhang mit dem Wettbewerb fand ein zweiwöchiges internationales Workcamp für Jugendliche aus Südafrika, Simbabwe, Namibia, Palästina, Israel und Deutschland statt, bei dem in Zusammenarbeit mit der Berliner Theaterinitiative sabisa e.V. ein Theaterworkshop durchgeführt wurde, der mit einer öffentlichen Theateraufführung in der Berliner Schillertheater-Werkstatt abgeschlossen wurde.

Wie auch bei den früheren Rundreiseprojekten waren die Reaktionen sowohl auf die Themen als auch auf die eingesetzten Arbeitsformen insgesamt positiv. Das Interesse der Teilnehmer*innen an gewaltfreien Formen der Konfliktbearbeitung in Ländern des Südens wurde offenkundig geweckt, wenn auch häufig nur in Form eines ersten Schrittes.

Peace Exchange

Das nächste, ebenfalls von der EU finanzierte und auf 3 Jahre angelegte Dialogprojekt richtete sich vor allem an Jugendliche und junge Erwachsene aus Polen, der Tschechischen Republik, Österreich und Deutschland. Anders als bei den früheren Rundreiseprojekten lag der Schwerpunkt bei lebensweltlich eingeordneten und erfahrungsbezogenen Formen interkulturellen Lernens in den Bereichen Theater, Musik und Sport. Neben Dialogrundreisen mit Experten aus Ländern des Südens bestand das Programm aus vielfältigen Events, die parallel in den einzelnen Ländern organisiert wurden und in denen abstraktes Wissen mit dem alltäglichen Lebensumfeld der Schüler in Europa verknüpft wurde. Die Partner in den jeweiligen Ländern waren NROs, die in die Organisation der einzelnen Aktivitäten einbezogen wurden und dabei ihre Erfahrungen in das Gesamtprojekt einbrachten. In jedem Jahr wurden Experten und Expert*innen aus Lateinamerika und Afrika eingeladen, die sowohl über ihre Heimat als auch über ihr Engagement in Friedensprojekten berichteten.

Im ersten Jahr begegneten die Jugendlichen sowohl Experten aus ihrem eigenen Land als auch Theaterfachleuten aus Afrika und Lateinamerika und lernten in mehrtägigen Workshops Konflikte in ihrem eigenen Alltag, aber auch Konflikte in den Ländern des Südens zu thematisieren, darzustellen und Lösungsszenarien zu entwickeln. Ihre neu gewonnenen Erfahrungen teilten sie dann in öffentlichen Aufführungen mit dem Publikum. Im Jahr darauf diente der in der Jugendkultur Europas, aber auch Afrikas und Lateinamerikas verbreitete Rap-Gesang als Medium der Konfliktbewältigung. Anhand von Beispielen aus Angola und Südafrika wurde gezeigt, wie eine Verbindung von Musik und friedlicher Konfliktbewältigung zur Befreiung von Jugendlichen aus dem Kreislauf von Drogenmissbrauch und Kriminalität beitragen kann. Darauf folgte ein Rap-Wettbewerb für die Jugendlichen mit jeweiligen CD-Produktionen und einem öffentlichen Abschlusskonzert in Berlin. Im dritten Jahr stand Sport als Medium der friedlichen Konfliktbewältigung im Mittelpunkt. Durch Berichte von Akteuren aus Sportprojekten wurden die Unterschiede zwischen Konkurrenz und kooperativem Verhalten erfahrbar gemacht. Kinder und Jugendliche aus den vier Projektländern konnten die Methoden des Straßenfußballspiels aus Ruanda und Kolumbien ausprobieren. Durch die Veranstaltung von öffentlichen Straßenfußballturnieren wurde versucht, die Methode zu verbreiten und für ein faires Miteinander - auch zwischen Nord und Süd - zu werben. Begleitet wurde das Programm von einer intensiven Pressearbeit und einer dreisprachigen Website. Ebenso wurde ein Handbuch für Lehrer*innen und Multiplikator*innen mit Arbeitsmaterialien zur Friedenserziehung und zum Globalen Lernen. PeaceXchange wurde 2007 als offizielles Projekt der UN-Dekade „Bildung für nachhaltige Entwicklung" ausgezeichnet.

Global Generation

Einen biographisch-vergleichenden Ansatz mit Menschen aus unterschiedlichen Ländern vorfolgte das ebenfalls EU-ko-finanzierte Projekt "Global Generation", das von 2010 bis 2012 durchgeführt wurde. Zielgruppe waren hier Menschen aus Deutschland, Österreich und Ungarn ab einem Alter von 50 Jahren. Mehrere parallele Workshops zu den Jahresthemen "Erfahrungen nach dem Krieg", "Leben nach einem gesellschaftlichen Umbruch" und "Ältere Menschen in Dörfern" wurden von entsprechenden Bildungseinrichtungen in den Herkunftsländern der Teilnehmer*innen durchgeführt. Einen vergleichenden Blick zur Situation älterer Menschen in Südafrika ermöglichte die Beteiligung von zwei pädagogischen Expert*innen der Weltfriedensdienst-Partnerorganisation SINANI an einem Workshop für alle Teilnehmer*innen des Projekts in Berlin. Ergänzend zu den

Workshops kam eine themenbezogene Wanderausstellung "Lebenslinien. Menschen in Afrika und Europa " zum Einsatz, die als Anknüpfungspunkt für eine intensive Öffentlichkeitsarbeit zu dem Projekt genutzt wurde.

Schon bei der Vorbereitung des Projektes hatte sich gezeigt, dass Umfang und Konditionierung der Finanzierung des Projektes durch die EU nur mit Mühe mit den inhaltlichen Vorstellungen des Weltfriedensdiensts in Einklang zu bringen waren. Trotz der guten Erfolge mit dieser Form der entwicklungspolitischen Bildungsarbeit wurden Anträge für weitere Projekte nicht mehr gestellt.

Öffentlichkeitsarbeit

Bildung und Fundraising: Work for Peace

Die positiven Erfahrungen, die während der Rundreisen sowie im Rahmen des Partnerschaftsprogramms mit entwicklungspolitischer Bildungsarbeit an Schulen gemacht werden konnten, führten 2005 zum Beginn des Kooperationsprogramms mit Berliner Sekundarschulen "work4peace" das bis heute fester Bestandteil der Arbeit des Weltfriedensdiensts ist. Das Programm hatte sich bereits in einem Projekt im hessischen Wetteraukreis als sehr erfolgreich erwiesen, sodass der Weltfriedensdienst auf bereits gemachte Erfahrungen zurückgreifen konnte.

Die Grundidee des Programms basiert auf der Verknüpfung von handlungsorientiertem globalem Lernen und Fundraising für ein bestimmtes Partnerprojekt des Weltfriedensdiensts durch den Ertrag eines eintägigen Arbeitseinsatzes. Durch Workshops oder Unterrichtseinheiten werden die Schüler*innen befähigt, sich in die Lage Gleichaltriger z.B. in Simbabwe oder Südafrika zu versetzen und durch diesen Perspektivenwechsel ihre sozialen Kompetenzen wie Verantwortungsgefühl und Solidarität mit Menschen anderer Herkunft und Kultur zu stärken. In einem ersten Schritt werden bei einem Projekttag in einer Unterrichtseinheit oder einem Workshop neben Inhalten des Globalen Lernens einige Partnerprojekte des Weltfriedensdiensts vorgestellt. Danach suchen sich die Schüler*innen für einen Tag einen Job und spenden den Verdienst bzw. das Ergebnis einer Spendenaktion für Bildungsprojekte der Partnerorganisationen und tragen auf diese Weise dazu bei, dass Kinder und Jugendliche in dem betreffenden Land gefördert werden.

Im ersten Jahr 2005 beteiligten sich 13 Berliner Schulen mit einzelnen Klassen, teilweise aber auch als ganze Schule mit einem Spendenerlös von insgesamt €14.000,-. Um die Schulleitungen und Lehrkräfte zu entlasten, wurden ab 2006

Werbung und Zugang hauptsächlich über die Schüler*innen gesucht mit dem Angebot der Ausbildung bzw. Weiterbildung zu "Peace Scouts" in Form von Seminaren zu entwicklungspolitischen Themen sowie Trainings in den Bereichen Moderation, Rhetorik und Präsentation. Bereits im Jahr 2008 fanden an drei Schulen mit Unterstützung des Weltfriedensdienst-Teams anspruchsvolle Afrika-Projekttage statt, die vollständig durch Peace Scouts organisiert worden waren. Im gleichen Jahr begann der Weltfriedensdienst gemeinsam mit der Berliner Senatsverwaltung für Bildung, Jugend und Familie eine Ausschreibung für Friedensschulen, um zu einem nachhaltigen Eine-Welt-Engagement anzuregen. Schon 2008 konnte der neue Titel „Friedensschule" drei Schulen verliehen werden.

Um das Interesse der Schüler*innen an den Wirkungen ihrer Spenden bei den geförderten Projekte zu befriedigen, bot das Weltfriedensdienst-Team 2011 die Leitthemen Ernährungssicherheit, Aufklärung über HIV und Aids sowie weibliche Genitalverstümmelung am Beispiel von Partnerprojekten in Senegal, Südafrika sowie Guinea-Bissau an. Entwicklungspolitisch relevante Veranstaltungen an Schulen mit Referenten bzw. Ehrengästen aus Politik, Partnerländern oder wissenschaftlichen Einrichtungen wurden ebenso Teil des Programms wie eine Fotoausstellung zum Thema "Was ist Dein Frieden?" oder Kreativworkshops mit Elementen des Theaters und der Rapmusik.

Durch das anhaltende Interesse der Schüler*innen und Schulen wurde das Programm work4peace zu einem dauerhaften Baustein der entwicklungspolitischen Bildungsarbeit des Weltfriedensdiensts. Es wird vom Berliner Senat unterstützt und hat in den vergangenen zehn Jahren mit insgesamt 90 teilnehmenden Schulen rund 367.500 € Spendeneinnahmen für Partnerprojekte des Weltfriedensdiensts generiert.

Kampagnenarbeit: Stoppt den Wasserraub

Nach dem Auslaufen des Projekts "Global Generation" wurde die Idee entwickelt, die entwicklungspolitische Bildungsarbeit in Form einer Kampagne zum Thema "Wasser" fortzusetzen, die Auslandsarbeit, Bildungsarbeit, Öffentlichkeitsarbeit und Spendenwerbung miteinander verknüpft. Das Recht auf Zugang zu sauberem Wasser ist seit 2010 in der allgemeinen Erklärung der Menschenrechte verankert und gewinnt als globales Verteilungsproblem zunehmend an politischer Bedeutung. Unterstützt durch Mittel der Evangelischen Kirche, des BMZ und des Berliner Senats begann der Weltfriedensdienst die Kampagne mit dem Titel "Durst! Stoppt den Wasserraub – Kampagne und Globales Lernen zu Wasser, Ernährung und Konflikt" im Frühjahr 2013 zunächst mit kreativen Formen des Straßenprotests in Berlin. Da zeitgleich die Mitglieder der senegalesischen Partnerorganisation Enda/ProNat im Senegal von dem Verlust ihrer traditionellen Land- und Wassernutzungsrechte durch den regierungsamtlichen Verkauf von 16.000 ha an einen Investor bedroht waren, warb der Weltfriedensdienst auch beim Evangelischen Kirchentag in Hannover mit einer Unterschriftenaktion für einen Appell an die senegalesische Regierung, die traditionellen Landrechte ihrer Bürger zu achten. Unterstützt wurde der lokale Widerstand gegen dieses Projekt durch ein international breit aufgestelltes Bündnis von NGOs, wodurch diese Aktion des Weltfriedensdiensts auch international vernetzt wurde.

Schwerpunkt der Kampagne ist insbesondere der Zusammenhang von Land- und Wasserverbrauch in der landwirtschaftlichen Produktion und bei der Rohstoffgewinnung für Konsumgüter in den Ländern des Südens für Länder des Nordens. Auf diese Weise soll die Verknappung, Verteuerung und Vergiftung von Wasser durch die weltweite Kommerzialisierung aller Lebensbereiche ins öffentliche Bewusstsein gerückt werden. Diese Form struktureller Gewalt bedroht das Überleben und das friedliche Zusammenleben der Menschen. Vor allem für die Ärmsten ist der Wasserraub existenzgefährdend und damit auch eine der Ursachen für die aktuellen Migrationsbewegungen.

Praktikant*innen, Freiwillige und ehrenamtliche Bildungsteamer*innen führten dazu zahlreiche Bildungseinheiten in Berliner Schulen und anderen Einrichtungen zum Thema "Land- und Wasserraub" sowie Ernährungssicherung durch. Ebenso beteiligten sich verschiedene Partnerschaftsgruppen des Weltfriedensdiensts mit selbst organisierten Veranstaltungen zu diesen Themen. Von Anfang an wurde auch der Kontakt zu der Bürgerinitiative Berliner Wassertisch hergestellt, die mit gleichen Zielvorstellungen arbeitet. Ein wichtiger Bestandteil der Kampagne ist ein vom Weltfriedensdienst professionell erstelltes und gepflegtes Webportal (www.wasserraub.de), das über Wasserraub, seine Folgen und Möglichkeiten zur Gegensteuerung informiert.

Der Weltfriedensdienst hat mit der Kampagne "Wasserraub" nicht nur eine weitere Form der Öffentlichkeitsarbeit entwickelt, sondern auf politischer Ebene, aber auch in seiner Bildungsarbeit ein bisher zu wenig beachtetes Thema öffentlich gesetzt. Durch die Beteiligung von betroffenen Partnerorganisationen im Senegal und in Argentinien sowie der Bürgerinitiative "Berliner Wassertisch" und anderer Gruppen wurde auch die Ursprungsidee für die Inlandsarbeit des Weltfriedensdiensts aus den 1980er Jahren erneuert, auf internationaler Ebene Kompetenzen von Akteuren zur Bearbeitung von Problemen zu bündeln, die für alle Beteiligten von Relevanz sind, wenn auch in unterschiedlicher Form und Bedeutung.

Rückblick und Ausblick

Mit der Beteiligung am Programm des zivilen Friedensdienstes (ZFD) und der Übernahme der Partnerschaftsprojekte der Stiftung SIS hatte der Weltfriedensdienst seinen Arbeitsbereich erheblich erweitert und zugleich konzeptionell Neuland betreten. Anders als in früheren Jahren war dies jedoch nicht das Ergebnis der Reflexion zurückliegender Projekterfahrungen, sondern vorrangig eine Reaktion auf die dramatischen Finanzierungsprobleme des Vereins. Obwohl es in beiden Bereichen inhaltliche Anknüpfungen zu der bisher praktizierten partnerschaftlichen Entwicklungszusammenarbeit gab, bedeuteten ihre praktische Umsetzung und Integration in das Selbstverständnis und Profil des Weltfriedensdiensts eine erhebliche Anstrengung insbesondere für die Geschäftsstelle, deren Finanzierung jedoch weiter prekär blieb. Neu zu bewältigen war ebenfalls die inhaltliche Abstimmung von Öffentlichkeitsarbeit und Spendenwerbung, womit auch die Frage nach der Formulierung eines klar erkennbaren Profils des Weltfriedensdiensts verbunden war. Alle Diskussionen über die Arbeit und die Politik des Vereins bewegten sich daher im Spannungsfeld zwischen der wirtschaftlichen Situation der Geschäftsstelle und seinem inhaltlichen Selbstverständnis.

Während die Übernahme des Partnerschaftsprogramms im operativen Bereich relativ schnell und problemlos bewältigt werden konnte und dessen konzeptionelle Einbindung in das Gesamtkonzept des Weltfriedensdiensts zumindest teilweise im Laufe eines längeren Prozesses gelang, warf die Beteiligung am Programm des Zivilen Friedensdienstes die Frage nach dem Selbstverständnis und dem öffentlich vertretenen Profil des Weltfriedensdiensts als Friedensdienst in mehrfacher Hinsicht neu auf. Bereits während des NATO-Einsatzes im Kosovo-Krieg 1999 hatte sich der Weltfriedensdienst im Rahmen des Berliner Entwicklungspolitischen Ratschlags (BER) öffentlich für das Ende der -

auch von Deutschland unterstützten - NATO-Bombardierung zugunsten einer nicht-militärischen Lösung des Konfliktes ausgesprochen.

Nach den Terroranschlägen vom 11.9.2001 in New York begannen die USA den "Krieg gegen den Terror" in Afghanistan, an dem sich auch Deutschland beteiligte. Bei der Mitgliederversammlung im November 2001 wurde die Frage von Militäreinsätzen zur Terrorbekämpfung kontrovers diskutiert, ohne sich auf eine öffentliche Stellungnahme verständigen zu können. Ebenso kam 2002 die Verabschiedung einer MV-Resolution zum drohenden Krieg gegen den Irak nicht zustande. Als 2004 auf politischer Ebene die Möglichkeit eines Einsatzes von Friedensfachkräften des ZFD als „begleitende Maßnahme" zum Bundeswehreinsatz in Afghanistan im Rahmen einer zivil-militärischen Zusammenarbeit diskutiert wurde, setzte sich die Mitgliederversammlung intensiv und differenziert mit der Rolle eines Friedensdienstes in militärisch ausgetragenen Konflikten auseinander. Als Ergebnis wurde festgehalten, dass der Weltfriedensdienst weder mit der Bundeswehr kooperieren noch sich in Krisengebieten engagieren sollte, in denen die militärische Logik dominant ist. Vielmehr sollte er den Schwerpunkt seiner Arbeit darin sehen, nach gewaltfreien und Lösungen von Konflikten zu suchen

> Der WFD hat bereits Erfahrungen in militärisch determinierten Situationen (Palästina, Mosambik) gemacht und dabei die Logik des Militärs wie auch die speziellen Herausforderungen eines Friedensdienstes in Kriegssituationen und eine Zusammenarbeit mit Militärs kennen und verstehen gelernt.
> Dabei hat der WFD zwei Positionen vertreten und praktiziert:
> - Der WFD hat eine autonome Partnerbeziehung praktiziert (keine Kooperation mit oder Ergänzung zum Militär und keine Anpassung an militärisch bestimmte Strukturen)
> - Der WFD war (und ist) parteiisch zugunsten der sozial oder politisch Schwachen; er verstand und versteht sein Engagement als emanzipatorische und befreiende Arbeit.
> An dieser Grundposition sollte der WFD festhalten.
>
> MV 2004

und konfliktpräventiv bzw. in post-konflikt Situationen tätig zu werden. Auf dieser Basis unterstützte der Weltfriedensdienst ab 2004 in Mosambik das Projekt Pro Paz zur zivilen Reintegration von Bürgerkriegskämpfer*innen und seit 2007 ein Projekt des zivil-militärischen Dialogs zwischen Zivilbevölkerung, Exkombattanten, Militär und Polizei in Guinea-Bissau.

Mit den Diskussionen über das Verhältnis des Weltfriedensdiensts zum Partnerschaftsprogramm und die eigene Positionierung zu dem neuen Programm des Zivilen Friedensdienstes auf den Mitgliederversammlungen der Jahre 2002 bis 2007 wurden wichtige Fragen des eigenen Selbstverständnisses und der konzeptionellen Ausrichtung des Vereins bearbeitet und zumindest teilweise geklärt. Neue Entwicklungen ergaben sich zur gleichen Zeit durch die deutlichen Veränderungen der entwicklungspolitischen Rahmenbedingungen. In den 1990er Jahren hatte sich zunehmend die Einsicht durchgesetzt, dass die klassischen Probleme der Entwicklungshilfe wie Armut, soziale Entwicklung und ökologische Nachhaltigkeit nicht dauerhaft mit kleinräumig angelegten Entwicklungsprojekten zu lösen sind. Diese Probleme müssten vielmehr in ihrer globalen Dimension gesehen und durch das koordinierte Vorgehen verschiedener Akteure von internationalen Organisationen, Politik, Wirtschaft und Zivilgesellschaft angegangen werden. Mit diesem Verständnis formulierte das BMZ nach dem Regierungswechsel 1998 Entwicklungshilfe als globale Strukturpolitik, die in allen Politikbereichen kohärent berücksichtigt werden sollte. Dazu sollte die Zahl der bilateralen Kooperationsländer reduziert und insbesondere Projekte und Programme unterstützt werden, die auch für andere Länder der Region Vorbildcharakter haben und die regionale Kooperation fördern können. Mit der förmlichen Verabschiedung der Millenniumserklärung der Vereinten Nationen durch die Staats- und Regierungschefs von 189 Staaten im September

2000 wurde ein internationaler Referenzrahmen der nationalen und internationalen Entwicklungspolitik geschaffen, der für alle entwicklungspolitischen Akteure verbindlich ist. Damit wurde der Nachhaltigkeitsansatz auch der deutschen Entwicklungspolitik bestätigt und erweitert.

Der Weltfriedensdienst hatte diese Entwicklungen schon in den 1990er Jahren verfolgt. So bezog er sich bei seiner Kooperation mit der Arbeitsgemeinschaft bäuerliche Landwirtschaft und bei der Unterstützung der Ökologie-Projekte in Simbabwe auf Ziele der nachhaltigen Entwicklung, die in der Agenda 21, ein Aktionsprogramm der Vereinten Nationen von 1992 zu Zielen einer nachhaltigen Entwicklung, festgeschrieben waren. Ab 2003 standen praktisch auf jeder Mitgliederversammlung Fragen der internationalen und nationalen Entwicklungspolitik als Schwerpunktthemen zur Debatte. Dabei wurde in der Regel ein hohes Maß an Übereinstimmung zwischen der Agenda 21- bzw. den Milleniumszielen und den in der Projektpraxis verfolgten Zielen festgestellt, aber gleichzeitig auch selbstkritisch angemerkt, dass nicht immer die gewünschten Ergebnisse erzielt werden konnten. Die dabei verfolgte projektpolitische Leitvorstellung des Weltfriedensdiensts fasste das Protokoll der Mitgliederversammlung 2005 exemplarisch so zusammen:

> Zusammenfassend ließe sich also feststellen, dass aus Sicht des WFD wirtschaftliche Entwicklung, ökologische Nachhaltigkeit und soziale Gerechtigkeit nur dann zu erzielen seien, wenn die betroffenen Menschen aktiv an entsprechenden Unterstützungsprogrammen beteiligt sind. Sinnvolle Entwicklungszusammenarbeit zum Wohle marginalisierter Bevölkerungsgruppen müsse sicherstellen, dass lokale NGOs sich in nationale Prozesse z.B. der Armutsbekämpfung kompetent einmischen könnten.
>
> Der WFD achte bei seiner Projektkooperation deshalb darauf, dass Partnerorganisationen ihre Kompetenzen und Bedürfnisse in entsprechende Netzwerke einbringen können – wichtige Schritte, um „ownership" auch auf der projektübergreifenden Ebene sicherzustellen.

Auch in den Folgejahren waren die Milleniumziele und ihre Umsetzung in der Projektpraxis immer wieder Thema bei den Mitgliederversammlungen. Auf diese Weise wurde nicht nur der Anschluss an die internationale und nationale entwicklungspolitische Diskussion gewahrt, sondern auch die eigene Arbeit an diesen Zielen überprüft und dabei zunehmend mit friedenspolitischen Ansätzen verknüpft. Bereits im Vorfeld der inhaltlichen Vorbereitung der Veranstaltungen zum 50. Vereinsjubiläum 2009 wurde mehrfach dafür votiert, Friedensarbeit künftig zur Kernaufgabe des Weltfriedensdiensts zu machen, wobei Ziviler Friedensdienst und Projekte der Entwicklungszusammenarbeit stärker aufeinander bezogen werden sollten. Auf Initiative einer Gruppe von Mitgliedern aus dem Bonner Raum wurde ab 2010 ein Strategie-Prozess zur Weiterentwicklung des friedenspolitischen Profils des WFD in Gang gesetzt, der zur Formulierung eines friedenspolitischen Profils führte, das das Selbstverständnis des Weltfriedensdiensts und seine Werte, Ziele und Arbeitsweise als Friedensdienst auf der Basis seiner gemachten Erfahrungen und der vereinsinternen Diskussionen konzise zusammenfasste. Ebenso wurde ein Leitbild für die Außendarstellung erarbeitet, das diese Positionen kurz beschreibt (s. Anhang).

Im Zuge der fortschreitenden Globalisierung hat sich die Entwicklungspolitik von der Nord-Süd-Zusammenarbeit in Richtung auf internationale Kooperation zur Lösung globaler Probleme weiterentwickelt. Die Entwicklungsparameter der 2016 verabschiedeten Agenda 2030 folgen der Idee einer nachhaltigen globalen Strukturpolitik, die auf der Basis internationaler Politiknetze die Initiativen unterschiedlicher Akteure zusammenführt. Die Erfahrungen der bisherigen Entwicklungspolitik und auch des Weltfriedensdiensts haben gezeigt, dass ohne die Akzeptanz der jeweiligen Zielgruppen nachhaltige Veränderungen nicht zu erreichen sind und daher die partnerschaftliche und gleichberechtigte Zusammenarbeit mit den Menschen vor Ort unerlässlich ist.

Im Laufe der Geschichte des Weltfriedensdiensts haben sich die Prinzipien der Partnerschaft und Solidarität mit den Benachteiligten und Marginalisierten und die gemeinsamen, auf die aktuelle Situation "vor Ort" bezogenen Leitideen des Friedens, der Gerechtigkeit und der gemeinschaftlichen Entwicklung immer wieder neu bewährt. Unter den Bedingungen exponentiell wachsender globaler wie lokaler Ungleichheiten und Gefahren bedarf es neuer Formen von international vernetztem und partnerschaftlichem zivilgesellschaftlichem Engagement. Prozesse der Überwindung von Armut, Entrechtung und Umweltrisiken müssen lokal in Gang gesetzt und dann global voran gebracht werden. Künftige Projektpolitik kohärent zu formulieren und auf der Basis der eigenen beschränkten Mittel praktisch umzusetzen ist eine friedens- wie entwicklungspolitische Herausforderung, der sich der Weltfriedensdienst auch in Zukunft immer neu stellen muss.

Anhang

Friedenspolitisches Profil des Weltfriedensdiensts

Der WFD als Friedens- und Entwicklungsdienst.

Das friedenspolitische Profil beschreibt das Selbstverständnis des WFD als Friedensdienst. Es dient der Selbstvergewisserung hinsichtlich seiner Ziele, Handlungsfelder und Arbeitsweisen sowie der Bestimmung von Kriterien für die praktische Arbeit des WFD und der Selbstdarstellung nach außen.

Die Legitimation für unsere Arbeit leitet sich einerseits von den Mitgliedern unseres Vereins ab, die Teil dieser Gesellschaft sind. Andererseits ergibt sie sich aus den engen Beziehungen mit Basisinitiativen in verschiedenen Teilen der Welt.

Die Förderung von Frieden, Entwicklung und Menschenrechten ist nach unserem Verständnis von der Einen Welt eine globale Aufgabe. Das begründet die Zusammenarbeit mit und Interessenvertretung für unsere Partner im Süden ebenso wie die Bildungs- und Öffentlichkeitsarbeit in unserer eigenen Gesellschaft. Auslands- und Inlandsarbeit sind daher eng aufeinander bezogen. Unser langjähriges Motto „Wer sich im Süden engagiert, darf im Norden nicht schweigen", drückt diesen Zusammenhang aus.

1. Einordnung ins Leitbild

Der WFD arbeitet zum Thema Frieden - Entwicklung - Menschenrechte. Die drei Bereiche bedingen und ergänzen sich gegenseitig. Jeder eröffnet einen besonderen Zugang zur Arbeit für einen positiven Frieden, in dem die Grundbedürfnisse von Menschen und Gruppen erfüllt werden. In langjähriger Projektarbeit hat der WFD hierzu umfassende

Kompetenz erworben. Sie soll in aufkommenden Konflikten frühzeitig auf der politischen Ebene eingebracht werden.

In allen Gesellschaften und Kulturen gibt es Verfahren zur Konfliktbearbeitung, die es zu erkunden gilt und die ggf. nutzbar gemacht werden müssen. In der Friedensarbeit versuchen wir, destruktive Austragungsformen von Konflikten zu minimieren. Wir schätzen aber konstruktiv ausgetragene Konflikte als Antrieb bei sozialen Veränderungsprozessen.

2. Werte und Weltanschauung

Der Weltfriedensdienst strebt einen gerechten Frieden an, bei dem die legitimen Interessen und Bedürfnisse aller Beteiligten angemessen berücksichtigt werden. Für unsere Arbeit gilt daher, dass die Abwesenheit von kriegerischer Gewalt noch kein Frieden ist. Gleichzeitig ist uns bewusst, dass schon allein dieser Zustand für viele Menschen in Kriegsgebieten ein drängendes Anliegen ist.

Unsere Friedensarbeit basiert auf der Haltung der Gewaltfreiheit. Wir sind uns der Schwierigkeit einer Verwirklichung von Gewaltfreiheit in einer gewaltgeprägten Welt bewusst, werden aber unsere Ziele, Wege und Methoden immer wieder darauf hin überprüfen. Dabei ist uns die Komplexität des Gewaltbegriffes klar. Neben der physischen Gewalt gibt es z.B. strukturelle, psychische und kulturelle Gewalt. Diese Formen der Gewalt werden von verschiedenen Menschen und in verschiedenen Kulturen unterschiedlich wahrgenommen.

Aus der Haltung der Gewaltfreiheit ergeben sich allerdings auch Dilemmata, z.B. bei der Frage der Zustimmung zu „friedenserzwingenden" Maßnahmen (Verletzung des Prinzips der Gewaltfreiheit) oder der Verantwortung für den Verzicht auf militärische Intervention (Responsibility to Protect). Einer Verantwortungsethik, die das praktische

Handeln nicht wirklich mit Werten konfrontiert, erteilen
wir eine Absage. Ebenso distanzieren wir uns von einer
Gesinnungsethik, die aus Werten und Ideologien kurz-
schlüssige Handlungsempfehlungen ableitet. Wir stellen
uns jeder einzelnen Situation, ohne sie und die darin handelnden Menschen einem standardisierten Erklärungs-
schema zu unterwerfen. Dabei hilft uns die religiöse und
politische Unabhängigkeit unserer Organisation.

Ein wichtiger Testfall für diese Haltung ist die kritische
Positionierung zu „humanitären Interventionen". Diese
muss im Einzelfall gemeinsam mit Partnern und Betroffenen erfolgen. Wir übernehmen Mitverantwortung, wenn
wir zivile Alternativen zu militärischen Ansätzen fordern.

Grundsätzlich sprechen wir Entscheidungsträgern, die eine
Militarisierung von Konflikten dulden oder fördern und zivile Alternativen ignorieren, das Recht ab, Friedensorgani-
sationen im Augenblick der Eskalation eine Mitverantwortung für „friedenserzwingende" Maßnahmen zuzuschie-
ben.

Unsere Friedensarbeit orientiert sich am Prinzip der Allparteilichkeit. Dieses Prinzip ergibt sich aus dem Ziel des
"gerechten Friedens" als Leitmotiv für unsere Arbeit. Ein
"gerechter Frieden" kann nur in einem Aushandlungspro-
zess aller an einem Konflikt beteiligten Parteien annähe-
rungsweise erreicht werden. Die Bereitschaft dazu wird
nur dann gegeben sein, wenn alle Beteiligten bzw. Gruppen als Menschen wertgeschätzt und ihre Bedürfnisse und
legitimen Interessen wahrgenommen und anerkannt werden. Dies zu gewährleisten ist eine zentrale Aufgabe eines
Friedensdienstes.

Viele Konflikte sind asymmetrischer Art und konfrontieren
sehr machtvolle Akteure mit machtlosen. Wir arbeiten pri-
mär mit Basisinitiativen von Benachteiligten. Unser Man-
dat beziehen wir aus Partnerschaften auf Augenhöhe. Weil

unsere Vision eine Gesellschaft von Gleichberechtigten ist, soll unsere Arbeit vor allem die gesellschaftlich Schwachen begünstigen.

Friedensarbeit auf der Grundlage der Allparteilichkeit kann daher auch bedeuten, bestimmte Gruppen dabei zu unterstützen, „konfliktfähig" zu werden und ihre Anliegen gewaltfrei, aber wirksam zu artikulieren (Empowerment). Wir sind in diesen Fällen insofern nicht neutral, als wir die unterdrückten Perspektiven der Schwachen auf den Konflikt zur Priorität machen.

Unsere Friedensarbeit schließt folglich die Unterstützung einer unterprivilegierten Seite durch Beratung und andere Angebote besonders ein. Sie erlaubt aber auch, im Interesse der Schwachen mit gewaltsam handelnden Akteuren zu arbeiten. Dabei muss eine Rückkopplung mit den Betroffenen gewährleistet sein und das Programm jederzeit unabhängig von militärischen Sachzwängen gestaltet werden. Dies erfordert von allen Beteiligten ein hohes Maß an Risiko- und Problembewusstsein. Schon die Beratung zu Möglichkeiten gewaltfreien Umgangs mit einer konkreten Konfliktsituation kann eine Mitverantwortung für die Folgen militärischen Handelns nach sich ziehen. Der WFD wird hier seine Praxis laufend auswerten und seine Kriterien schärfen. Gänzlich ausgeschlossen ist die konzeptionelle oder praktische Einbettung in komplett oder teilweise militärische Strukturen / Prozesse, wie sie z.B. das Konzept der vernetzten Sicherheit vorsieht.

Die Berücksichtigung von Gender-Gesichtspunkten ist zum einen ein Gebot der Parteilichkeit für die gesellschaftlich Schwachen (frauenspezifische Gewalt; Integration von Frauenanliegen in Friedensprozessen). Zum anderen erfordert das Gebot der Allparteilichkeit die Wahrnehmung und Berücksichtigung von subjektiven Motivlagen. Wer z.B. männliche Rollenmodelle (physische Stärke, Potenz, Kameradschaft, Leugnung von Furcht) und deren Dynamik in

Kriegszeiten ignoriert, ignoriert zugleich wichtige Säulen von Kriegszuständen.

3. Handlungsebenen

Fundament unserer Arbeit ist der Basisbezug. Die Arbeit im Interesse der gesellschaftlich Schwachen muss in lebendigen Kontakten von WFD-Mitgliedern, Mitarbeitern und Friedensfachkräften (FFK) mit Partnern und Betroffenen wurzeln. Deren Interessen können aber nahelegen, auch auf mittleren und höheren gesellschaftlichen Ebenen oder im Norden zu arbeiten (Advocacy). Wo der Arbeitsschwerpunkt liegt, ergibt sich aus Situations- und Konfliktanalysen sowie Wirkungshypothesen, die wir gemeinsam mit Partnern und Begünstigten erarbeiten. Die Werte, die wir in die Programmarbeit einbringen, sollen auch bei deren Umsetzung und WFD-intern handlungsleitend sein.

Bei der Entwicklung unserer Handlungsstrategien verfolgen wir einen „Do no Harm"-Ansatz, bei dem die positiven oder negativen Auswirkungen des eigenen Handelns als externer Akteur in einer Konfliktsituation identifiziert und beurteilt werden.

Wo wir direkt als Partner von gesellschaftlich Schwachen arbeiten, tun wir dies mit dem Ziel eines wirksamen Empowerments. Dabei achten wir darauf, keine schwierigen, aber wichtigen Zielgruppen zu umgehen. Wo wir auf Meso- und Makro-Ebene arbeiten, geschieht dies stets auf der Grundlage laufender Kommunikation mit den direkt Betroffenen. Das betrifft Projektidentifizierung und übergreifende Strategieentwicklung, ist aber auch unser spezifischer Advocacy-Ansatz.

Wir liefern Akteuren auf der Meso- und Makro-Ebene (Regierung, Medien, Verwaltung, Verbände usw.) nicht die klügeren Analysen. Stattdessen bringen wir an ausgewählten Stellen zu ausgewählten Problemen Stimmen zu Gehör, die in autoritären oder formaldemokratischen Systemen

unberücksichtigt bleiben. Neben der vertikalen Achse von
Mikro- zur Makro-Ebene im Süden und in Europa ist uns
auch der Süd-Süd-Austausch zwischen Partnern und Begünstigten ein Anliegen. Zudem sollte Advocacy im Norden keine Angelegenheit der Geschäftsstelle bleiben; auch
Mitglieder, Partnerschaftsgruppen, Beiräte und Kuratoren
können hier ihre fachlichen und regionalen komparativen
Vorteile in Wert setzen.

In unseren Projekten denken wir die Bereiche Frieden,
Entwicklung und Menschenrechte zusammen. Wir bemühen uns um „Kombiprojekte", in denen mit denselben Partnern und Begünstigten zu allen drei Komplexen gearbeitet
wird.

4. Vermittlung von Fachkräften

Die Vermittlung von Friedensfachkräften folgt der Nach-
frage lokaler Partner und dem Subsidiaritätsprinzip. Neben
dem fachlichen Mehrwert, den sie bei Partnern und Begünstigten einbringen, zeichnen sie sich durch ihr tägliches
Engagement für die Werte aus, um die sich der WFD und
seine Partner bemühen. Bloße Professionalität, wie sie z.B.
in der standardisierten Umsetzung von Modulen der Zivilen Konfliktbearbeitung im Rahmen von top-down-Kon-
zepten (z.B. bei der Sicherheitssektor-Reform) zum Ausdruck kommen, genügt diesem Anspruch nicht.

Die Friedensfachkräfte sind gleichzeitig wichtige Binde-
glieder zwischen dem WFD und der Perspektive von Partnern und Begünstigten. Ohne sie wäre es für den WFD unter den geltenden Bedingungen viel schwieriger, den Anspruch auf inhaltliche Nähe zur Basis aufrecht zu erhalten.

5. Perspektive: Thematische Profilierung und Ver-
netzung

Die Vielfalt unserer Projekte und Partnerbeziehungen ist
ein Kapital, das wir nicht aus Gründen der Profilschärfung

einengen sollten. Gleichwohl wollen wir nach außen Akzente setzen, um unser Profil zu schärfen, unsere Position zu stärken und die Bedingungen für Advocacy-Arbeit im Norden zu verbessern. Ein Profilierungsfeld könnte ein spezifischer Zugang zum Thema Prävention sein.

Im herrschenden Diskurs wird die Bedeutung von Prävention zwar häufig betont; sie wird aber - wenn überhaupt - erst in letzter Minute realisiert. Die Bundesregierung folgt bei der Schwerpunktbildung zum ZFD offenkundig nicht Präventionsgesichtspunkten, sondern der Logik medialer Aufmerksamkeit oder vorherrschenden inländischen Interessenlagen.

Vertreter kritischer Ansätze wiederum neigen dazu, jede Art friedenspolitischer Strukturbildung oder die Arbeit an sogenannten „root causes" wie Unterentwicklung pauschal als Prävention zu interpretieren, was selten präzise begründet werden kann. Akademische Versuche weltweiter Frühwarnung scheinen der Komplexität von Einzelfällen und der Dynamik aktueller Auslöser kaum gerecht zu werden. Näher am realen Präventionsbedarf liegen Informationsinitiativen wie die International Crisis Group (ICG). Deren komparativer Vorteil ihrer Nähe zu Machtzirkeln ist jedoch auch eine Einschränkung. Ihre Analysen und Handlungsvorschläge fokussieren stark auf Regierungsebene, Spitzen der Zivilgesellschaft und die internationale Gemeinschaft.

In einigen unserer Projekte entstehen Ansätze zur bottom-up-Prävention: lokale Frühwarnsysteme vernetzter Friedenskomitees mit Handy[/Internet]nutzung; Advocacy für Ansätze von "Transitional Justice" und deeskalierender Politik. Diese Ansätze will der WFD in Deutschland im politischen, öffentlichen und wissenschaftlichen Raum in Wert setzen.

Mitgliederversammlung 2012
des Weltfriedensdiensts e.V.

143

Leitbild des Weltfriedensdienst e.V.

Wer wir sind:

Wir sind eine parteipolitisch unabhängige Nichtregierungsorganisation und davon überzeugt, dass alle Menschen
weltweit dasselbe Recht haben, friedlich in gerechten Verhältnissen zu leben. Als Weltbürger*innen und Weltbürger
verstehen wir uns als Teil der internationalen Zivilgesellschaft und der weltweit bestehenden, vielfältigen friedenspolitischen Organisationen.

Was wir wollen:

Wir arbeiten mit an einem globalen Gesellschaftsvertrag in
unserer Einen Welt und leisten einen Beitrag zur Vernetzung zivilgesellschaftlicher Organisationen zum wechsel-
seitigen Nutzen. Dafür engagieren wir uns im eigenen
Land und weltweit.

Wir vertrauen auf die Kraft der Kooperation und der Gewaltfreiheit

> ➤ bei der Erkennung von Interessensunterschieden und
>   Konfliktursachen
> ➤ beim konstruktiven Umgang mit Konflikten
> ➤ bei der Umsetzung der gemeinsamen Ziele.

Was uns leitet:

> ➤ Frieden erfordert soziale Dynamik und Entwicklung,
>   die selbstbestimmte Entfaltung von kreativen und so-
>   zialen Potentialen der Menschen zulassen.
> ➤ Frieden braucht gleiche soziale, ökonomische und poli-
>   tische Rechte für alle und die Anerkennung der uni-
>   versellen Menschenrechte.
> ➤ Friedenspflicht ist unteilbar und nachhaltig, wenn wir
>   Frieden– in Achtung vor dem Leben - auch als Frie-
>   den mit unserer Umwelt und für künftige Generatio-

nen gestalten. Es geht um die Bewahrung unserer lebensnotwendigen Gemeinschaftsgüter wie Wasser und Land.

Was wir tun:

> ➢ Mit unseren Partnern im globalen Süden arbeiten wir vor Ort an konstruktiven Konfliktlösungen und am Schutz und der Verbesserung der Lebensgrundlagen.
> ➢ Im Norden engagieren wir uns im Globalen Lernen und verschaffen den Anliegen unserer Südpartner Gehör.

Mitgliederversammlung 2012
des Weltfriedensdiensts e.V.

Zeittafel

1945 *(9. 5.) Kapitulation der deutschen Wehrmacht, Ende des 2. Weltkrieges*

1947 *Beginn des "Kalten Krieges" (Truman-Doktrin)*

1949 *(4.4.) Gründung der North Atlantic Treaty Organization (NATO)*

(24.5.) Gründung der Bundesrepublik Deutschland (BRD)

(7.10.) Gründung der Deutschen Demokratischen Republik (DDR)

1955 *(April) Erste Afro-Asiatische Konferenz der blockfreien Staaten („3. Welt") in Bandung/Indonesien*

(12. 4.) "Göttinger Manifest" führender BRD-Atomphysiker gegen eine atomare Bewaffnung der Bundeswehr

(14.5.) Gründung des Warschauer Pakts als Gegengewicht zur NATO

ab 1956 Eugen Rosenstock-Huessy wirbt auf Vortragsreisen für die Idee eines Weltfriedensdiensts.

1957 (Juni) Gründungsaufruf zur Aktionsgemeinschaft "Für die Hungernden" von Lothar Kreyßig.

1958 *(23. 3.) Die Aktion "Kampf dem Atomtod" wird bundesweit eröffnet.*

(30. 4.) Gründungsaufruf zur "Aktion Sühnezeichen" auf Initiative von Lothar Kreyßig während einer gesamtdeutschen Synode der EKD in Berlin.

Fritz Vilmar veröffentlicht den Aufsatz "Ein Weltfriedensdienst – Politische Initiative am Ende der Kriegsgeschichte"

1959 (30.6.-2.7.) Tagung über den Welt-Friedens-Dienst in der Evangelischen Akademie Berlin.

(19.-21.12.) Gründung der "Arbeitsgemeinschaft Weltfriedensdienst 1960" in der Evangelischen Akademie Berlin.

1960 *Die UNO erklärt 1960 zum "Afrika-Jahr"*

Kamerun, die Elfenbeinküste und 15 weitere afrikanische Staaten werden unabhängig.

(1. 1.) Zusammenführung der Aktionsgemeinschaft "Für die Hungernden", Aktion Sühnezeichen und der Arbeitsgemeinschaft Weltfriedensdienst unter das Vereinsdach Versöhnungsdienste e.V.

(6. 4.) Ankunft der ersten Freiwilligengruppe in Servia/Griechenland.

(23. 8.) Gründung der Förderergemeinschaft Kinder in Not e.V. als Rahmen für Obdachlosenarbeit in Köln. Entwicklung der Methode der katalytischen Gemeinwesenarbeit in Zusammenarbeit mit Richard und Hephzibah Hauser.

1961 August. Beginn eines Aufbaulagers in Nkpwang/Kamerun in Zusammenarbeit mit der Bauernorganisation Action Paysanne.

"Die Verdammten dieser Erde" von Frantz Fanon erscheint.

(13.8.) Bau der Berliner Mauer

1962 (Jan.–März) Einsatz einer Gruppe des Laurentius-Konvents (W. Warneck) in Nkpwang/Kamerun.

1961-62 Einzel- und Kleingruppenentsendungen nach Ägypten (landwirtschaftliche Beratung), Afghanistan (gewerbliche Berufsausbildung) und Indien (Gandhigram, Aufbau von Genossenschaftsdörfern von Kastenlosen) in Zusammenarbeit mit der Aktionsgemeinschaft "Für die Hungernden".

(Aug.) Beendigung der Entsendung von Freiwilligen des Weltfriedensdiensts. Weiterführung der laufenden Projekte durch den Internationalen Zivildienst, Deutscher Zweig.

1964 (Juni bis März 1965) Aufbaulager in Dabou/Elfenbeinküste in Zusammenarbeit mit der methodistischen Kirche der Elfenbeinküste.

Beginn des Unabhängigkeitskrieges in Simbabwe (bis 1979).

Beginn des Unabhängigkeitskrieges in Mosambik unter Führung der FRELIMO (bis 1974)

1965 (22. 8.) Workcamp und Tagung in Rauschenwasser und Verabschiedung der Rauschenwasser-Thesen zu "Frieden und Freiwilligendienst".

1966 (ab Jan.) Planung des Neubeginns des Weltfriedensdiensts durch Wilfried Warneck

1967 *(*1.1.) Das Referat "Gruppendienste" der Aktionsgemeinschaft Für die Hungernden wird als Arbeitsgemeinschaft Weltfriedensdienst weiter geführt.

(Feb.) Der tansanische Präsident Julius Nyerere verkündet die „Arusha-Deklaration" mit den zentralen Ideen des "Ujamaa" und "Self-reliance".

(1.4.) Eröffnung einer Geschäftsstelle des Weltfriedensdiensts mit Peter Sohr als Geschäftsführer

(2.6.) Besuch des Schahs von Persien in Berlin, begleitet von Protestdemonstrationen; dabei wird der Student Benno Ohnesorg von einem Polizisten erschossen.
(5.-10.6.) „Sechstagekrieg" zwischen Israel und den Nachbarländern.

(Okt.) Beginn des Dorfentwicklungsprojektes in dem Doppeldorf Nia-Dia an der Elfenbeinküste.

(9.12.) Gründung der "Aktionsgemeinschaft Dienst für den Frieden" (AGDF) mit Weltfriedensdienst als Gründungsmitglied.

1968 (Feb.) Beginn des Weltfriedensdienst-Projekts in Palästina

1969 (22.1.) Gründungsversammlung des Vereins Weltfriedensdienst (e.V.),

(5.2.) Anerkennung der rechtlichen Selbständigkeit als e.V.

(Feb.) Beginn der Mitarbeit in einem Berufs-Ausbildungsprojekt in Nova Lima/Brasilien (bis 1973).

(18.6.) Das Entwicklungshelfergesetz (EhfG) tritt in Kraft

(11.10.) Klausurtagung des Vorstands der Versöhnungsdienste zu Grundsatzfragen "Kritik von links an der Entwicklungshilfe"

1970 (1.1.) Umzug in das Gemeinschaftsbüro Jebensstr. 1 in Berlin zusammen mit der Aktionsgemeinschaft Solidarische Welt (ASW) und Aktion Sühnezeichen (AS)

(März 1970 bis Ende 1973) mehrere Tagungen zu Grundsatzfragen der Arbeit und des Selbstverständnisses des Weltfriedensdiensts

(Apr.) Beginn des Community-Development-Projekts in Gambia.

1971 (20.1.) Anerkennung des Weltfriedensdiensts als "Träger des Entwicklungsdienstes" nach dem Entwicklungshelfergesetz. Beginn der Projektförderung durch das BMZ

Beginn der Kooperation mit der Bauernorganisation AJAC in der Region Casamance/Senegal durch das Weltfriedensdienst-Team in Gambia.

1972 *Beginn des Hochschulvorprogramms (Entwick-lungshelferverträge als Alternative zum Wehrdienst für die Zeit nach Abschluss des Studiums)*

Der Club of Rome veröffentlicht seinen Bericht „Die Grenzen des Wachstums".

(Dez.) Ende des Weltfriedensdienst-Projekts in Nova Lima/Brasilien; weitere Begleitung des Projekts auf Honorarbasis

1973 (Sept.) Erstes WFD-Fachgespräch "Community Development in Entwicklungsländern" in der Heimvolkshochschule Göhrde

(24.9.) Die PAIGC (Afrikanische Partei für die Unabhängigkeit von Guinea-Bissau und Kap Verde) deklariert die Unabhängigkeit Guinea Bissaus von Portugal

1974 28. März. MV-Beschluss über eine Satzungsänderung zur Neuorganisation des Weltfriedensdiensts (Erweiterung des Vorstands, Beiräte, Mitarbeiterseminare)

(25.4.) Putsch der Armee in Portugal ("Nelkenrevolution")

(Juli) Erster Kontaktbesuch von Peter und Gretel Sohr in den von der PAIGC kontrollierten Gebieten in Guinea-Bissau.

1975 (Jan.) Erstes Mitarbeiterseminar (MAS) mit Delegierten aus allen Projekten und Vorvertragsinhaber in Berlin

(30.4.) Ende des Vietnamkrieges

(26.6.) Mosambik wird unabhängig

(5.7.) Kapverden werden unabhängig

(Okt.) Projektbeginn des Senegal-Projekts zur Ausbildung von Kadern des staatlichen Programms "Promotion Humaine"

1976 Enge Kooperation mit der ASW in der Öffentlichkeitsarbeit (Solidarische Welt)

*(16.6.) Schüleraufstand in Soweto/Südafrika gegen
Benachteiligung der Schwarzen im Bildungssystem
(ca. 600 Tote durch Polizeieinsatz).*

1977 (Juni) Projektbeginn Burkina Faso

(Aug.) Umzug der Geschäftsstelle nach Berlin
Friedrichstr. 236 (zusammen mit der ASW)

Gründung des "Koordinierungskreis Mosambik" zur
Entsendung von Fachkräften nach Mosambik

1978 (Mai) Beginn des Kapverden-Projekts, Insel Maio

(Okt.) Abschluss des Projektes in Gambia

1979 (Juni) MV-Beschluss zur Unterstützung von Flüchtlingen aus den minderheitsregierten Ländern im
südlichen Afrika (gemeinsam mit ASW)

Abschluss des Projekts in der Elfenbeinküste

1980 Beginn der WFD-Solidaritätsarbeit für Flüchtlings-
projekte Südafrika in Zusammenarbeit mit ASW
(bis 1985)

Beitritt zum Trägerverein des Friedenszentrums
Martin-Niemöller-Haus, Berlin

*Beginn der deutschen Friedensbewegung gegen die
Stationierung von Atomwaffen in Deutschland*

*(18.4.) Simbabwe wird unabhängig mit ZANU-Chef
Robert Mugabe als Präsident.*

(Juni) Beginn des Mosambik-Projekts mit Entsendung eines WFD-Kooperanten

Beendigung des Projekts Diourbel/Senegal

1982 Neubeginn der Zusammenarbeit mit der AJAC/Ca-
samance

1983 WFD ist Gründungsmitglied des Bildungs- und Aktionszentrums Dritte Welt (BAZ) in Berlin

1984 (April) Projektbeginn Mukute-Genossenschaft

Aktion Hungerhilfe in Tete/Mozambique

(Okt.) Projektbeginn in Boé/Guinea-Bissau

Ende des WFD-Projekts Houndé/Bourkina Faso

1985 Unterstützung von Selbsthilfegruppen (Civics) gegen Apartheid in Pietermaritzburg/SA begleitet von Öffentlichkeitsarbeit in Deutschland

1986 Verschiedene öffentliche Aktionen des Weltfriedensdiensts gegen Apartheid und Rassismus in Südafrika.

(31.3.) Ausscheiden Peter Sohr als Geschäftsführer des WFD. Nachfolger: Eberhard Bauer (vorher DED) ab 1.4.86

(April) 1. Nummer des "Querbrief" erscheint

1987 Projektbeginn Kooperativenförderung in Tete und Maputo/Mozambique

(Juli) Umzug der Geschäftsstelle nach Hedemannstr. 14

1989 *(9.11.) Öffnung der Berliner Mauer und der innerdeutschen Grenzen.*

Der WFD feiert sein 30-jähriges Bestehen

1990 *(11. 2.) Freilassung von Nelson Mandela, Beginn des Endes der Apartheidpolitik in Südafrika*

(3. 10.) Beitritt der DDR zur Bundesrepublik Deutschland

1991 Erste Südafrika-Informationsreise mit Gästen aus Südafrika durch Deutschland.

Beginn des Inlandsprojektes mit der „Arbeitsgemeinschaft bäuerliche Landwirtschaft" (AbL) zur entwicklungspolitischen Bildungsarbeit

1992 *(Juni) Konferenz der Vereinten Nationen über Umwelt und Entwicklung in Rio de Janeiro*

(Aug.) Eröffnung des WFD-Koordinationsbüros Südliches Afrika" in Harare/Simbabwe

Fremdenfeindliche Brandanschläge in Rostock und Mölln

Beginn des Antirassismusprojekts gegen Rassismus und Fremdenfeindlichkeit in Deutschland.

(15.10.) Ende des Bürgerkriegs in Mosambik

1993 *(1.11.) Vertrag über die Europäische Union tritt in Kraft (Maastricht-Vertrag).*

1994(9.5.) Wahl Nelson Mandelas zum ersten schwarzen Präsidenten Südafrikas.

1994 7. April   bis Juni Genozid in Ruanda

1995 *(Dez.) Gründung von VENRO (Verband Entwicklungspolitik und Humanitäre Hilfe)*

1996 *Gründung von BER (Berliner entwicklungspolitischer Ratschlag e.V.)*

Projektbeginn zur ökologischen Landnutzung in Chikukwa/Zimbabwe

1997 *Gründung des Konsortiums ZFD*

Mitgliederseminar "Zukunftsmodelle"

(30.4.) Eberhard Bauer scheidet als Geschäftsführer aus. Nachfolger wird Walter Hättig (vorher ASW)

(Juli) Beginn des Inlandsprojekts "Umgang mit der Vergangenheit – Wahrheit, Versöhnung, Gerechtigkeit"

(Nov.) Seminar "Partnerschaft und Dominanz" in Harare von 18 Organisationen aus der Region

1998 *(3.6.) Gründung von ATTAC (Vereinigung zur Besteuerung von Finanztransaktionen im Interesse der Bürger*innen)*

(Juni) Erste Rundreise im Rahmen des WFD-"Versöhnungsprojekts" mit Gästen aus Guatemala, Simbabwe und Südafrika

1999 *(1.1.) Der Euro wird in elf Staaten der EU als bargeldloses Zahlungsmittel eingeführt*

(18.-21.11.) Der WFD feiert sein 40. Jubiläum zum Thema "40 Jahre Weltfriedensdienst - 40 Jahre Engagement für Frieden, Entwicklung und Menschenrechte"

2000 Beginn der Beteiligung des Weltfriedensdiensts am Programm des Zivilen Friedensdiensts (ZFD)

Beginn der Zusammenarbeit mit dem Menschenrechtsprojekt COAJ in Argentinien zur Verteidigung der Rechte von Indio-Gemeinden

(Mai) Beginn eines ZFD-Projekts in Guinea-Bissau mit der Frauenorganisation Sinim Mira Nasseque (SMN) gegen die Genitalverstümmelung von Mädchen

Überhastete und verfehlte Landreform mit Enteignung der weißen Farmer in Simbabwe, wirtschaftlicher Niedergang des Landes

(8.9.) Verabschiedung der Millenniums-Entwicklungsziele durch die 55. Generalversammlung der UN.

(28.9.) Beginn der 2. Intifada (Volksaufstand) der Palästinenser

2001 *UN: Internationales Jahr gegen Rassismus und Fremdenfeindlichkeit und des Dialogs der Kulturen*

(25.-30.1.) 1. Weltsozialforum zum "Kampf für eine bessere Zukunft" in Porto Alegre / Brasilien

(9.5.) Die a.o. MV beschließt die Zusammenarbeit mit der Stiftung für internationale Solidarität und Partnerschaft (S.I.S) mit ca. 60 Partnerschaftsgruppen

(Mai) Beginn des ZFD-Projekts in Kooperation mit UNDEMOV in Guinea-Bissau zur Traumabearbeitung und Versöhnungsarbeit nach dem Bürgerkrieg von 1998

(11.9.) Terroranschläge in den USA auf das World Trade Center in New York und das Pentagon in Washington

(7.10.) Als Reaktion auf die Anschläge vom 11. September beginnen die USA mit dem Krieg (Operation Enduring Freedom) u.a. in Afghanistan

(Okt.) Beginn des WFD-Inlandsprojektes "Peace Communication".

(Nov.) Beginn der Zusammenarbeit mit ENDA/Pro Nat zur Förderung des ökologischen Landbaus in Nyayes/Senegal

2002 *(1.1.) Der EURO wird gesetzliches Zahlungsmittel*

(1.1.) Der Weltfriedensdienst übernimmt den operativen Geschäftsbereich der Stiftung S.I.S. (Stiftung für internationale Solidarität und Partnerschaft)

(Aug.) Gründung der Stiftung Weltfriedensdienst

2003 *(20.3.) Beginn des 2. Irakkrieges durch die USA.*

(1.7.) Der Sitz der Stiftung für internationale Solidarität (SIS) und Partnerschaft wird von Bonn nach Berlin verlegt

(Aug.) Beginn der Zusammenarbeit mit CAMPO (Beratungszentrum für die Basisbewegung) zur Entwicklung von Konzepten zur Bekämpfung von Armut in den Slums von Rio

(Nov.) Nach dem Tod von Erich Grunwaldt wird die Stiftung Weltfriedensdienst in "Stiftung Weltfriedensdienst Erich Grunwaldt" umbenannt

(Nov.) Beginn des ZFD-Projekts in Palästina zur Unterstützung von Library on Wheels for Non-Violence and Peace in Hebron

(8.12.) Simbabwe tritt aus dem Commonwealth aus

(11.11.) Palästinenserpräsident Jassir Arafat stirbt in Paris und wird am 12.11. in Ramallah beigesetzt

2004 *Zahlreiche Terroranschläge von Palästinensern in Israel während der 2. Intifada*

(März) Beginn des ZFD-Projekts Pro Paz in Mosambik zur Konfliktbearbeitung zwischen den früheren Bürgerkriegsparteien FRELIMO und RENAMO

(1.5.) Die europäische Union wird um zehn Mitglieder erweitert (Osterweiterung)

2005 *(9.1.) Mahmud Abbas wird zum Präsidenten der palästinensischen Autonomiebehörde gewählt*

Der Schüleraktionstag Work for Peace zur Unterstützung von Bildungsprojekten des WFD wird ins Leben gerufen.

(22.11.) Angela Merkel wird von CDU und SPD zur neuen Bundeskanzlerin gewählt

2006 *(Juli-Aug.) Libanonkrieg zwischen Israel und Hisbolla*

Beginn des Projekts PeaceXChange mit Kooperationspartnern in Tschechien, Österreich und Polen

2007 (3.1.) Der langjährige Vorstandsvorsitzende des WFD Dr. Walter Spellmeyer stirbt unerwartet

(31.7.) Walter Hättig scheidet als Geschäftsführer aus. Nachfolger wird Manfred Schuhmacher-Just (ab1.9.)

(9.8.) Beginn der weltweiten Finanzkrise in den USA.

2008 WFD-Ausstellung "Verwobene Schicksale "über Weberinnen in Senegal

(28-30.11) MV mit Schwerpunktthema Millenium Development Goals (MDGs) und Globale Partnerschaft

(4.11.) Barak Obama wird zum 44. Präsidenten der USA gewählt.

2009 (4.-6.3.) Internationale Fachtagung des Weltfriedensdiensts zum Zivilen Friedensdienst.
(2.-4.10.) Diverse Veranstaltungen zum 50-jährigen Jubiläum, Gründung eines Kuratoriums.

(31.10.) Manfred Schumacher-Just scheidet als Geschäftsführer aus

2010 (19.-21.11.) MV mit Thema "Zivil-militärische Kooperation" und "Entwicklungspolitische Bedeutung der Personalentsendung"

(Dez.) Beginn des "arabischen Frühlings"

2011 (1.1) Georg Rohde wird neuer Geschäftsführer (bis 31.12.2014)

Nach friedlichen Protesten für Demokratie in Syrien zunehmende Eskalation des Bürgerkrieges mit massiver Flüchtlingsmigration

(18.-20.11.) MV mit Thema "Migration in der Projektarbeit des WFD in Nord und Süd"

2012 *Ausweitung des Kriegs in Syrien mit drastisch steigenden Flüchtlingszahlen.*

(9.-11.11.) MV mit Schwerpunktthema "Frieden" und "Leitbild des Weltfriedensdiensts"

2013 *(Mai) 2013 Veröffentlichung des UN-Berichts "A New Global Partnership" als konzeptionelle Wegbereitung für die Agenda 2030 mit den Zielen für nachhaltige Entwicklung (SDGs)*

(22.–24.11.) MV mit Schwerpunktthema "Wasserraub"

2014 *Militärische Erfolge des "Islamischen Staat" im Irak*

(10.-12.10) MV mit Schwerpunktthema "Ziviler Friedensdienst"

2015 (1.5.) Judith Ohene wird neue Geschäftsführerin

(Aug) Öffnung der deutschen Grenzen für Flüchtlinge, vermehrt Brandanschläge auf Flüchtlingsunterkünfte

Vermehrt Terroranschläge in Europa und weltweit

(25.9.) Verabschiedung der Agenda 2030 mit 17 Zielen für nachhaltige Entwicklung (sustainable development goals – SDG) beim UNO Nachhaltigkeitsgipfel

(20.-22.11.) MV mit Schwerpunktthema "Flucht - Migration – Integration"

2016 *Weitere Terroranschläge weltweit*

(23.6.) Referendum in Großbritannien über den Brexit

(9.11.) Wahl Donald Trumps zum Präsidenten der USA

(18.-20.11.) MV mit Schwerpunktthema "Wasserverbrauch und die Nachhaltigkeitsagenda"